森有正との対話の試み

Un essai de dialogue avec Arimasa Mori

鑪　幹八郎
Mikihachiro Tatara

ナカニシヤ出版

序　文

創造的人間にはそうせざるをえない避けることのできないものがある。創造的な人間は自分の至上の課題にほとんど偶然に近いかたちで出会う。しかし、いったん関わらねばならない主題がはっきりしてくると、その課題は同時に、自分のもっとも個人的な葛藤と深く結びつき、また上質の選択的な知覚と結びつき、さらに一方向のことだけを志向する頑固一徹さと結びついていることがわかる。つまり、それまでにつくりあげられた過去の世界像が彼を押しつぶしてしまうか、あるいはこの世界像の古くなった基盤を解体し、新しい基盤に置き換えるものを確実なものにするために、本人は病か、失敗か、狂気かにおち込んでしまわざるをえないのである。

（エリクソン『洞察と責任』、第一章、7頁）

森の文章に出会ったときに、内的に大きな揺れを私は感じた。それは地震のような、また稲妻の電光にうたれたようなものであった。たとえばそれは次のような文章であった。

「私は小学生の時から音楽をやっていた。もちろん音楽家になろうと思ったことは一度もなく、その意味での、あのきいただけで気のとおくなるような、激しい訓練を受けたわけでもない。ただ好きだったのである。しかしただ好きだけではすまされないことが段々判って来た。……パリにいってから……音楽を修めるということが自分にどういう意味を持つかということを考えるようになったのである。……私にはそれが偶々パリで起こったのである。

それは一言でいえば、私にとって音楽がにわかに外面的なものになってしまったのである。……音楽は、それが好きだとか、それに自己の思いを托するとか、そういう自分の内面あるいは主観の問題とは全く関係のない、主観の外に決定的にあるものとして、学ばなければならないものだ、ということであった。……私の友人のコンセルバトワールのピアノの教授をしているひとが、次のように言っていた。……一般的な指の練習を毎日続けて、自分の中に一つのメカニズムの体系を組織することこそ肝要だ」。

（『経験と思想』、85-88頁）

「そこで私が身に沁みて経験したことは、客観に徹すれば徹するほど主観が確実になって来るということであった。さらに言い換えると、主観が深められ、自由になって来る、すなわち新しい発見が起こってくる、ということである。……厳正に客観的に構成されたもの全体に、あるいは全体から、新しい、そうひよわくない、ソリッドな主観性が現れてくる、と言ったらよいであろうか」。

（『経験と思想』、89-91頁　傍点強調は原著者）

彼は個人の思想を形づくるものの姿を説明しようと苦心するのと同時に、オルガンの演奏の技術の学びは、どのように個人の中で育ち、どのような構造をもつものかということを語っていた。直接には森とまったく関係のない世界に私は属しているのに、森の発言は私にとって、電光のような力となって響き、私は「同じ主題に苦労している人だ」「同じ主題に取り組んでいる人だ」と受け取ってしまったのである。

森との出会いは、このような文章との出会いであった。しかも文章は日常語の表現として、硬い理知的で論理的な哲学者のような表現ではなかった。生活の中の出来事と、それについての自分の思いを語っているのである。

森はこのような経験の存在の仕方や性質の理解を、思想の発生の基盤という次元でとらえた。それを記述していった。「経験」と「体験」とを峻別し、経験に根差してこそ思想は生まれ本物になると森は言う。森の言葉に、私は正面から自分の経験に直面させられた。経験とは自分に発する「真正なもの」、「本物」authentic の言葉だと言うのである。

　経験の「真正さ」と「偽り」という用語は、精神分析の中でもウィニコット以来、重要なキーワードになっている。「心の病」や精神的な苦しみというのは、この「真正なもの」を覆う「偽りの自己」から生まれると考えられるのである。心理臨床の中で仕事をしている私にとって、避けて通ることのできない、関心をもたざるをえないものであった。私の中での森への関心は大きくなった。「森という人は一体何者なのか」ということから、森への接近が始まった。そして書かれたものの内容に大いに驚き、大いに共鳴し、先輩のような、仲間のような感じをもって、身近にいる人というような関心をこれまでもってきた。

　仕事の畑はまったく違い、個人的にはまったくかかわりのない人である。しかし、深い共感をもって森の著作に長い間触れてきた。そして森のこころの軌跡を追ってみたくなったというのが本書の趣旨である。それは森の足跡を私なりに明らかにすることだけでなく、私の臨床的経験の本質とは何かを明らかにするものでもあると思っている。いや、その逆に、私自身の臨床経験を森の経験にぶつけて、その本性に近づいてみたいということかもしれない。

　森については、著作集一四巻、対話集三巻、エッセー集成五巻（著作集の中から抜粋されたもの）、そのほか説教集など、多くが出版されている。森と関係をもった人たちは大勢いる。さらに森有正について書かれたものも、伊藤勝彦の著書の他、多数のものがある。森は人気のある著作者であると言ってよいだろう。私もその読者のひとりである。

　しかし、私は領域的にも、個人的にも森とはまったく関係がない。私は長年、精神分析を土台にして心理療法を行ってきた。哲学と精神分析とは関係があるのだろうか。おそらく関係はそれほど深くないのではないだろうか。少なくとも私には関係は深くない。米国の精神分析家の友人は、大学で哲学を教えてもいる。また、哲学者から深いヒントを得ている人もいる。

私が森有正に関心をもったのは、まったく偶然の機会からであった。現在は廃刊になったが、まだ出版されていた『展望』という月刊誌を毎月読んでいた。『展望』の一九七〇年一〇月号に森の「雑木林の中の反省」が出ていた。また一一月号には、森のエッセー「木々は光を浴びて」が出されていた。森のエッセーの特色のひとつは、感覚的、視覚的であり、独特な題名がつけられていることである。『バビロンの流れのほとりにて』『流れのほとりにて』『木々は光を浴びて』『旅の空の下で』など。その二つのエッセーの題名に、私は引きずりこまれるような魅力に圧倒されたのだった。

「これが哲学者の書く文章か」「私が日ごろ心理臨床の中で問題にしていることを、同じように問題にしている人がいる」「このような文章を書く哲学者は一体どんな人なのだろうか」というのが、森の文章に初めて接したときの私の素朴な印象であった。

仕事の上では、森と私はまったく専門が違っている。哲学者のエッセーにまず奇異な印象をもった。この人が哲学者なのか。普通、哲学者は高邁で、自分がついていけない文章を書き、ものを言う人ではないのか。西洋の古典の著書を紐解き、それを書誌的に解説して難解な文章を書く人ではないのか。しかし、この人は、まったく違った文章を書く人だ。

まず、その文章の題名が感覚的で、絵を見るようなのである。絵を見ることの好きな私にとって、こんな文章を書く人は一体どんな人なのだろうか。書かれているのは、これまでの哲学者の文章とはまったく違っていた。私には森の言っていることがわかった、と思ったのである。わかったというよりも、私と同じことを考えている人だ、と思った。

私は精神分析を土台として、心理療法を行っている心理臨床家であることは前に述べた。これまで心理臨床の領域で仕事をしてきた。クライエントさんの内的な体験を精査し、経験の中にあって苦痛をあたえる「偽りの自己 false-self」経験と「真正の自己 true-self, authentic self」経験を識別しながら、クライエントさんと一緒にじっくり吟味していくのが、日毎の仕事である。真正なる経験と偽りのイメージの中で経験される違いを吟味し、対話を続けていく。

したがって、経験とは何か、何が真正《オーセンティック》なものであり、何が偽り《フォールス》か。また、私たちを生き生きさせる《ヴァイタル》経験の力はどのようなものであるかには、日ごろから深い関心をもっている。常にクライエントさんの経験に耳を傾け、いわば滞っている経験に新しい水路を見つけ、そこに新鮮な水が流れるように働きかけるのが私の仕事である。この仕事の中心は、クライエントさんと一緒に、過去からのさまざまな経験を現実の生活と照合し、また生活の中でかかわっている周囲の人々との関係の性質や経験の性質を照合し、吟味していくのである。

そのような仕事をしている私にとって、森有正は「体験」ではなく、「経験」こそ、真正な自分に到達し、自分の核心に達し、生の確信につながるのだと言うのである。このようなことを情熱的に言われてしまうと、耳を傾けざるをえなくなる。「凄いことを言う人がいる。しかも、それは私が求めているものと同じような水位のものではないだろうか」と思った。そうなると、どうしても読まないわけにはいかない。私が納得するように理解しないわけにはいかないのである。

私は森の言うことをただ伺いたい、聞かせてもらいたいとは思っていない。参考にしたいとも思っていない。私は森に問いかけたい。森と対話をしたいのだ。直接に話し合いたいのである。森が言うように、第一人称としての私が、第三人称の森に話をしたいのである。だから本書の題名は「対話」なのである。森に会ったこともないのに、対話というのはおかしいかもしれない。しかし、手記として発表し、書簡として発表した森は、それほど違和感なしに受けいれてくれるのではなかろうか。

私にとって、森は現在もこころの中で重要な対話の相手である。だから、ここで展開する文章も、森に向かって話しかけ、問いかけることで、私の関心を聞いてもらいたいのだ。私がまだ漠然として言葉にならないものを、言葉の世界で確認したいという目論みなのである。

目　次

森有正との対話の試み

第一章

森有正の生涯と家族

まず、森の出自と生育史を確かめたい。

森は明治の激動期の中で、明治四四年（一九一一年）一一月三〇日に生まれて、昭和五一年（一九七六年）一〇月一八日に死去した。享年六五歳であった。一般の庶民と違って、かなり特異な生活をして幼年期、児童期、青年期を過ごしている。それは森を描く場合、決定的に重要なことであると思われる。以下に、まず年表を示すことにする。ここでは森有正の生涯を展望的にイメージすることを目的にしている。この年表は、二〇〇二年に筆者が発表した「森有正の成育史と業績に関する資料の検討」（本章末文献を参照のこと）に加えて、伊藤勝彦（二〇〇九）の年表を参考にした。

*森有正の成育史年表

誕生、一九一一年（明治四四年）一一月三〇日、父森明、母保子の長男として、豊多摩郡淀橋町角筈に生まれる
二歳、一九一三年（大正二年）秋、父の創設した富士見町教会でキリスト教の洗礼を受ける
三歳、一九一四年（大正三年）第一次世界大戦が勃発
四歳、一九一五年（大正四年）九月二日、妹、綾子が生まれる
七歳、一九一八年（大正七年）暁星小学校（カトリック・マリア会経営）入学（フランス語学習開始）
一二歳、一九二三年（大正一二年）九月一日、関東大震災
一三歳、一九二四年（大正一三年）暁星中学校入学
一四歳、一九二五年（大正一四年）三月六日、父、森明死去（享年三七歳）
一八歳、一九二九年（昭和四年）東京高等学校（旧制）入学（文科内類フランス語）
二一歳、一九三二年（昭和七年）東京帝国大学文学部仏文学科入学、結核の療養。五・一五事件
二五歳、一九三六年（昭和一一年）二・二六事件
二七歳、一九三八年（昭和一三年）東京大学卒業（結核のため六年を要した）、大学院へ進学
三〇歳、一九四一年（昭和一六年）太平洋戦争勃発

三一歳、一九四二年（昭和一七年）結婚
三二歳、一九四三年（昭和一八年）祖母、寛子死去。東京大学文学部助手
三三歳、一九四四年（昭和一九年）長女、正子誕生。二月、東京大学ＹＭＣＡ会館に住み込む。第一高等学校教授
三四歳、一九四五年（昭和二〇年）八月一五日、太平洋戦争で日本は無条件降伏。長女、正子死去
三七歳、一九四八年（昭和二三年）東京大学助教授、文学部仏文学科
三九歳、一九五〇年（昭和二五年）戦後初のフランス政府給費留学生としてフランスへ
四四歳、一九五五年（昭和三〇年）パリ大学東洋学研究所で日本文学史を講義開始
四五歳、一九五六年（昭和三一年）一時日本へ帰国（五月から一一月まで）。離婚の手続きか
四六歳、一九五七年（昭和三二年）**『バビロンの流れのほとりにて』**出版
四七歳、一九五八年（昭和三三年）小学生の次女聡子をパリへ引き取る。娘と二人の生活を始める
四八歳、一九五九年（昭和三四年）母、保子死去。**『流れのほとりにて』**出版
五一歳、一九六二年（昭和三七年）春、子どもをもつフランス女性と再婚。はじめから別居のまま
妹の（関屋）綾子一家が一年の予定（夫、関屋光彦の外国研修）で、パリに住む。兄、有正の世話をする
五二歳、一九六三年（昭和三八年）**『城門のかたわらにて』**出版
五五歳、一九六六年（昭和四一年）一〇月一日から一一月一九日まで一時帰国、国際基督教大学で講演「ヨーロッパより帰りて」、東京日仏会館で講演「パリの生活の一断片」
五六歳、一九六七年（昭和四二年）一時帰国。伊藤勝彦の調整で、三島由紀夫、吉本隆明と対談**『遥かなノートル・ダム』**出版
五七歳、一九六八年（昭和四三年）五月から一〇月の間、アフガニスタン、インド、カンボジア、日本、メキシコへの大旅行
五八歳、一九六九年（昭和四四年）国際基督教大学客員教授。九月、学習院大学で集中講義
D・ドゥリアーズ（後に森の死を看取る人）がタイピストとなる
五九歳、一九七〇年（昭和四五年）七月、北海道大学で講演「思想と生きること」。札幌で入院（頸動脈閉鎖症）
九月、学習院大学で集中講義、国際基督教大学で五回の連続講演
『人間の生涯―アブラハムの信仰』『生きることと考えること』出版（伊藤勝彦との対談を伊藤が編集）

六〇歳、一九七一年（昭和四六年）三月、パリ第三大学所属東洋言語文化研究所外国人教授に就任
　七月、娘の聡子を連れて帰国。東京ＹＭＣＡにて講演「古いものと新しいもの」など
六一歳、一九七二年（昭和四七年）三月、長男有順がパリで結婚式。フランス人女性との離婚が成立
　八月、日本へ。大学、教会関係で講演。**『木々は光を浴びて』**出版
六二歳、一九七三年（昭和四八年）パリの大学都市にある日本館館長に就任。二期（一九七六年まで）務める
六三歳、一九七四年（昭和四九年）八月、一時帰国。オルガン収録、ＮＨＫのＴＶ出演など
六四歳、一九七五年（昭和五〇年）九月、一時帰国。ＹＭＣＡや国際基督教大学で講演
六五歳、一九七六年（昭和五一年）三月、一時帰国。八月アンギャンに転居。八月一三日にパリ市サルペトリエール病院に入院。
　一〇月一八日死去。二五日に　パリ、ペール・ラシェーズ墓地で火葬
　一一月二日に日本に帰国。一一月四日、国際基督教大学チャペルで告別式
没後一年一九七七年（昭和五二年）**『経験と思想』**岩波書店、出版
没後二年一九七八年から一九八二年**『森有正全集』**全14巻＋補遺1巻　筑摩書房
没後六年一九八二年（昭和五七年）**『森有正対話篇』**Ⅰ、Ⅱ　筑摩書房
没後二三年一九九九年（平成一一年）**『森有正エッセー集成』**全5巻、ちくま学芸文庫　筑摩書房

＊森の家系について

森有正の父は森明。明の父は森有礼である。森有正の祖父にあたる。明治という日本の近代化の改革の中で、最初の伊藤博文内閣が組閣され、その初代の文部大臣となった。有礼の父、有恕は薩摩藩士。漢学の師範であった。五人の男子がいた。森有礼は五男であった。兄弟は正義感が高く、また進取の気性が激しかった。兄たちは事故や病気、またひとりの兄は国情への異議申し立てで割腹自殺をして憤死している。末子の有礼のみが残った。幕末から明治維新の大動乱の時期に、薩摩藩藩士の子として生まれたということが、祖父有礼の運命を大きく左右したということができる。

一七歳の時、薩・英戦争（一八六三年）に遭遇。薩摩藩は敗北。この戦争で薩摩藩は西欧文明の圧倒的な力を見せつけられる。そして一九歳の時に、西欧文明を取り入れるために、江戸の幕府に対して藩によって秘かに企てられた洋学を学ぶための渡航計画に選ばれて英国へ留学することになる。

安政五年（一八五八年）ごろの日本の情勢や薩摩の情勢は、西欧諸国、ことにイギリス、フランス、オランダなどから開国が迫られていた。幕府はアメリカとの通商条約を結ぶ。その後ロシア、オランダ、イギリスの四か国と

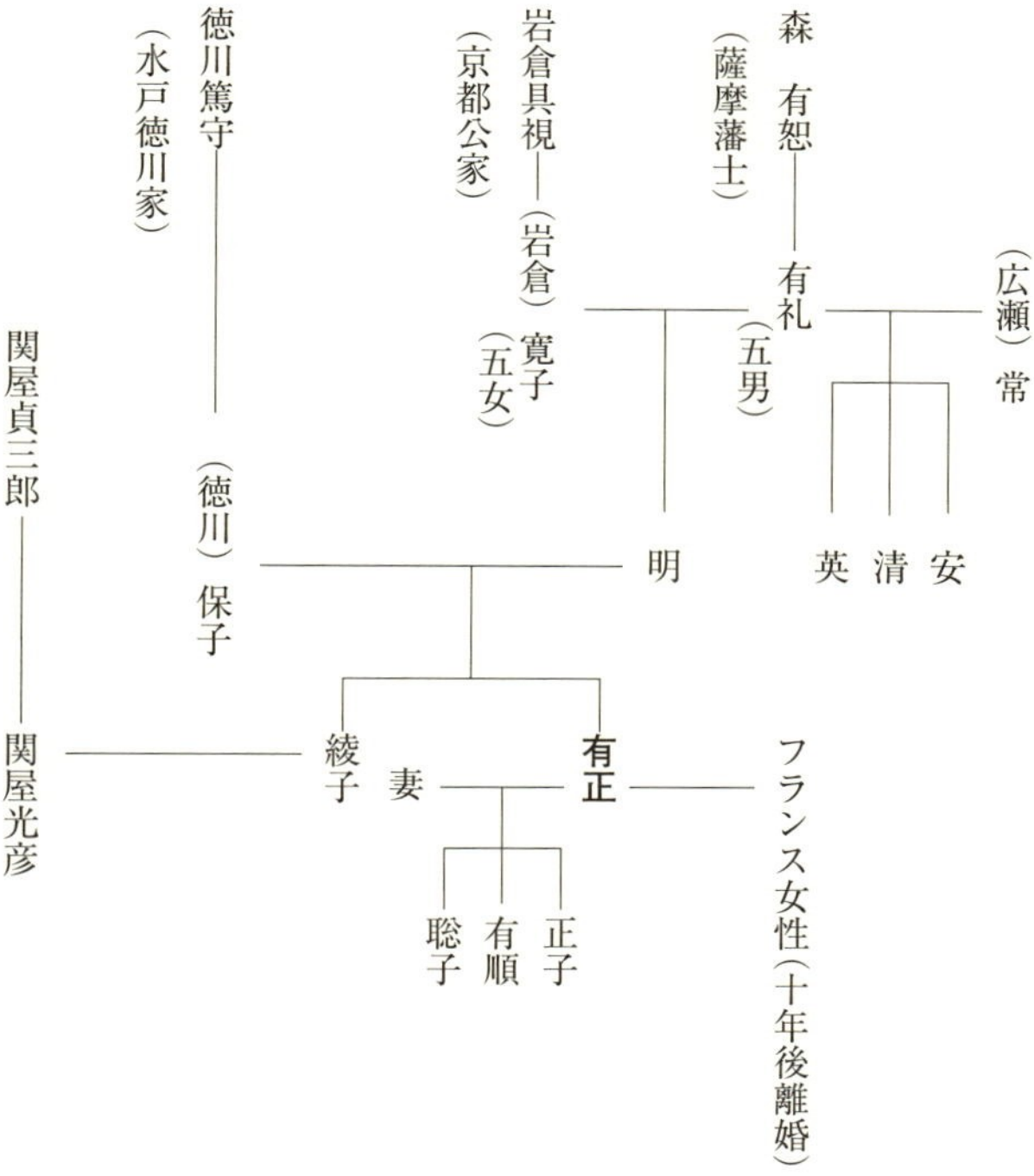

図１　森有正の家系図

通商条約を結ぶ。横浜、函館、長崎の三港を開港した。国内では、幕藩体制から新しい明治の時代が始まろうとしていた。慶應三年（一八六七年）の大政奉還から、次の新しい国づくりには、圧倒的な力を持っている西洋文明をうまく取り入れ、追いつかねばならなかった。とくに、長州・フランス戦争（下関戦争）で完敗した長州藩、また薩摩・英国戦争で完敗した薩摩藩にとっては、藩の存亡にかかわる危機、ひいては日本が存亡の危機にあるという自覚が生まれた。

日本のこれからの方向として、「尊王攘夷」主義は不可能であり、開国への新しい国づくりに備え、西欧諸国の文物を学び、輸入することは必須のことであった。新しい産業、社会制度、そして教育が急務であった。こうした緊急な事態に備え、薩摩や長州の藩主はひそかに計画を立て、西洋文明に通じる人材の養成を始めようとしていた。

この事態に対しては、直接に西洋の文物に触れ、学ぶことのできる人材を送り出し養成するしかない。しかし、幕府の外国との交流禁令は厳しかった。諸藩としてはこの禁令を犯すことはできない。尊王攘夷の志向も強かった。そうしたなかで、幕府の大老として、開国に踏み切った井伊直弼が暗殺された「桜田門外の変」（安政七年、一八六〇年）などが起こった。

そこで薩摩藩が考えたのは、藩の手を離れた脱藩者のかたちをとって、海外での研修を行い、幕府の禁令をくぐり抜けるという便法であった。長州はこのようにしてイギリスに若い優秀な人材をすでに送っていた。薩摩藩も若い優秀な一三歳から二九歳までの一九名の青少年を選び、イギリスに送った。林望はこの出来事を記している（『薩摩スチューデント、西へ』光文社、二〇〇七）。

森有礼はこの留学メンバーの一人に選ばれた。森有礼は一九歳。イギリスでは、長州藩からの留学生などとの交流があったらしい。有礼たちはロンドン大学で、さまざまな分野に分かれて学んだ。また、フランスでは、ナポレオン三世（在位一八五二―一八七〇）が国威を世界に誇示するためにパリの都市改造を行い、万国博覧会を催した。幕府はこの招待にこたえる形で、慶應三年（一八六七年）にパリに多くの若い人材を送った。このときは、徳川将軍の弟である徳川昭武が団長であった。一四歳であった。総勢二九名であったという。国の危機に気づいていた幕府も、諸藩も、西欧からの学びが必須であることを自覚していたということができる。林望は前出の著書『薩摩スチューデント、西へ』の中で、この様子を詳しく描いている。

フランス、パリで留学生が見たのは、ナポレオン三世の都市改造（一八五三―一八七〇）が抜本的な規模でなされていた姿であった。パリの町の区画や建造物が今日見るようなものに整理された。また、衛生状態の改善のために地下の下水道が整備された。一五〇年後の今日も立派に機能している。森有正が百年後に見たパリの姿は、この都市改造によって生まれたパリの姿である。森有正の建物や教会のファサードやヴィトロー（焼き絵硝子）の姿の細かい観察が、この時期に整備された町の姿であるということは感慨深い。森がパリの象徴として讃えているノートル・ダム寺院のあるシテ島は、当時貧民層の住む場所であって、周囲の衛生状態も良くなかったという。ナポレオン三世の都市改革については、森は何も語っていない。おそらく関心はそこまで達していなかったのだろう（本書の第七章の中で、井上究一郎の手記に触れるが、この中で、この場所が、「ボードレール時代のいわゆる死体公示場（モルグ）である……」と記されている。はじめは都市改造のことが理解できていなかったので、何故こんな聖なる場所に、モルグがあったのか位置の意味がわかっていなかった。また、井上の文章の意味もよくわからなかった。第七章を参照のこと）。

森有礼は一八六五年に薩摩藩から派遣された一九人中の一人であった。有礼はロンドン大学で学んだ。二年の後、アメリカに渡る。プロテスタントの一派であるが、神秘的な信仰を鼓舞するトマス・レーク・ハリス教団にひかれて、ハリス教団の中で共同生活を送った。滞在一年後、森は日本で必要とされているので、帰国するようにとハリスに促される。このようにして、日本を出て三年後の一八六八年に帰国した。日本は明治維新の決定的な導火線となった戊辰戦争勃発の年である。この騒然とした日本社会の中に帰国したのである。薩摩藩の多くの若者がこの戦いに向かっていった。しかし、森有礼はその騒乱の方向でなく、日本と外国との調整の仕事に向かった。

この時期、政治に関心をもつ公家出身の政治家の中でも、岩倉具視、少し遅れて西園寺公望などが、同じ見識をもってフランス、イギリス、アメリカで見聞を広めている。付け焼き刃的な感はあるが、それぞれの人が、それぞれの立場で必死に先進国から学ぶ努力をしていたことがわかる。この人々は優秀な頭脳をもった若者たちであり、ここでは身分の差はほとんど問われず、能力のある人がその職分を果たすというまったく新しい価値観ができ始めていた。西郷隆盛や大久保利通のような貧しい下級武士の出身者が、新しい日本の中核として活躍した。特に薩摩藩は明治維新の中核で活動した。新政府の要人を多数排出して、岩倉具視のような政治的な関心や野心のある公家たちと協力して、新しい国づくりを始める時代であった。

まだ明治政府は混乱の中で、暫定的な国内の統一と外国との通商の関係をつくっていかねばならなかった。森有礼は、帰国すると、外国体験をもつ有用な人材として、活躍することになる。帰国して二年の後、一八七二年に、アメリカの弁務官事務所を開設するために、小弁務（代理）公使としてアメリカに赴任する。一年後帰国、一八七五年に広瀬常と結婚し、清国（中国）に公使として派遣（一八七五―一八七八年）された。二三歳という若さである。そしてすぐ次の年、イギリスへ公使として派遣（一八七九―一八八四年）されている。慌ただしい生活であった。二七歳から三〇歳代の前半までだった。

＊森有礼の結婚

森有礼は広瀬常と結婚（一八七五年）した。前に述べたように、清国公使として派遣されている。ここで清が生まれている。また、イギリス公使として派遣された時、英が生まれた。ここで注目されるのは、結婚のいきさつと、子どもたちの名前の付けかたである。

結婚のいきさつは次のようであった。広瀬常は駿府（静岡）藩の藩士の子であった。知的にも、容姿としても目立つ女性であった。国の教育も女子教育も次第に充実していく。貴族の教育は女子学習院でなされた。当時、また、北海道開拓の指導者の教育も重視されていた。各藩から選ばれた若者が社会の上層として指導者になることを目的としていた。その若者たちのための配偶者の教育も重要な課題であった。広瀬常も選ばれて指導者の配偶者になるため女子教育を受けた。美貌であり、行動的で、活発で、目立った存在であったらしい。

鹿鳴館でのパーティなどでも華やかな動きをしていた。鹿鳴館とは明治政府によって、諸外国への国威の宣伝の一環として、一八八三年に開設された社交場である。日本が西欧に追いついていることを、国内外に示し、外交のための社交場として作られたのである（一九四〇年に閉鎖）。今から見ると、かなり付け焼刃的であるが、明治政府の涙ぐましい努力であったと理解できる。森有正の想像世界のどこかには、この場にいる祖父の姿があったのではないだろうか。森有正がイギリスに出かけたとき、イギリス公使として滞在していた祖父の姿を思い浮かべていることがエッセーの中に記されている。

この鹿鳴館に森有礼も出入りをしていた。また、広瀬常は鹿鳴館の華であった。森有礼には、近代的な美しい存在として映った。見そめて結婚する。日本で初めての恋愛結婚ということができるかもしれない。この結婚は「契約結婚」として知られている。キリスト教式に、神の前で夫婦の契りを誓う結婚式をあげた。百年を経て、今日の日本でも見られるようになった結婚の形式である。その結婚の証人として選ばれたのが、福澤諭吉であった。ともかく、華々しいというか、珍しいというか、社会的には大きな話題になった。このように森有礼の公的な存在は際立っていた。また、彼の欧化ぶりはかなり徹底していたこともわかる。国粋主義者にとっては迷惑な、許すことのできない存在になっていった。

＊名前の問題

命名の問題も興味深い。有礼は父から「有」という一字を継いでいる。男子が親の一字を継ぐということは、名のある家柄では慣習として行われてきていた。現在でもこの慣習を継いでいる人も少なくない。ところが、有礼は自分の子どもに、名前を継がせていない。子どもは女一人、男三人である。常との間にできた安、清、英、そして再婚した寛子との間にできた明である。これも欧化主義の影響の特徴だろうか。中国（当時「清国」）の公使をしていたとき生まれた子に、「清」という名前を付け、また、英国公使の時、英国に滞在中に生まれた子に、「英」という名前を付けた。だから、明治政府の仕事の中枢にいた森有礼が、三番目の子に明治の「明」をとって名前を付けるのは、自然な発想ではないだろうか。後に有礼は常と離婚し、明治維新において貴族出身で大活躍をした岩倉具視の五女であった寛子と結婚した。寛子は久留米藩主の有馬家に嫁ぎ、二人の男子を生んだが、離婚させられていた。

有礼と寛子の子である明が生まれたときは、父の有礼は半年前の暗殺事件によって、死去していた。寛子は生まれた子に有礼の意思や意向を知っていて、「明」と名づけたのは、自然な発想ではなかっただろうか。

その後、森有正の父の森明の時代になると、再び名前の復活が行われている。明の子が森有正である。「有」の復活である。しかも、森有正もわが子に「有順」と名づけている。先祖の家族のつながりをどのように意識しているかという点で、注目に値すると思う。

＊森有礼の暗殺

森有礼は一八八四年に英国公使を終えて帰国後、かねて関心の高かった文部関係の仕事にかかわる。維新後の政府の文部卿として、日本の教育制度を欧米のものと匹敵するものにしようと整備していく。そして日本で初めての伊藤博文内閣が明治一八年（一八八五年）に成立したとき、森有礼は初代の文部大臣となった。文部大臣としては、日本の公的教育の基礎づくりをした。小学校令、高等教育令、その他、教育制度に関する多くのものが、森の手で整備されていった。明治二三年（一八九〇年）一〇月二三日に日本国憲法（帝国憲法）が施行された。その施行の式典が開かれる日、礼服をつけて家を出ようとしたとき、国粋主義者である西野文太郎に刺されて、翌日に死去した。四二歳であった。

明治になってからも、自分の思想や主義に反する者は、問答無用に抹殺すべし、という形で結論を出すことが多かった。右派も左派も、目立った有能な要人は、反対派によって暗殺された。明治政府の中枢で力を振るっていた大久保利通も暗殺された。いろいろな要人の暗殺などが頻繁に起こっていた時期であった。有為な人材が次々と死んでいく。

有礼の妻の寛子は夫が殺されて後、子どもたちを守り、また森家を守った。先妻の子の安と清と英もいた。森有礼には子爵の爵位が与えられた。それを継ぐのが森清となる。妻の寛子は、植村正久に出会い、キリスト教に帰依して、子どもの明と共に洗礼を受ける。植村は明治初期のプロテスタントのキリスト教伝道者である。内村鑑三との関係も深く、当時東京ではよく知られたキリスト教界の指導者的な人物であった。森は『内村鑑三』という著書を出版しているのも興味深い。

＊森有正の父、森明

森有正の父である明は、小児喘息で病弱だった。学習院小学部に入学したが、看護が大変であった。明の体力は学業に耐えられなかった。学習は自宅で家庭教師の手でなされた。当時のことを考えると、自宅での学習ということは、それほど特別なことでもなかった。明は優れた頭脳の持ち主であった。自宅学習で、フランス語、英語、ドイツ語、ギリシャ語を学習した。

母親の寛子や精神的な指導者であった植村正久牧師の影響のもとに、明はやがてプロテスタントのキリスト教の牧師となった。牧師としての活動は目覚ましいものがあった。東京の四谷に富士見町教会を創立した。また、若者のためのキリスト教青年会を設立し、集会や学習、また宿泊のための会館の設立に力を注いだ。ちなみに、後に森有正が東京大学に入学したとき、父が設立のために努力したキリスト教青年会館に入寮して生活している。明は、教会では『共助』という信者のための雑誌を創刊して、これに執筆した。これらの記事は明の死後、『森明著作集』として公刊されている。教会の多くの人たちの信頼が篤かった。この雑誌『共助』には、息子であり教会の信者会員である森有正も、多くの文章を寄稿している。

森明は徳川保子と結婚する。明治維新の後に華族に列せられていた水戸の徳川篤守の三女である。明との間に二人の子どもが生まれる。森有正と四歳違いの妹の綾子である。母の保子は華族女学校で教育を受けている。

保子は当時の上流階級の欧化を象徴するように、ピアノを弾き、ヴァイオリンを弾き、テニスをしていた。また英語を学び、会話ができたということである。森有正の記憶として、父と母がピアノとヴァイオリンでデュエットをしていたことを記している。森有正も母にピアノの教えを受けた。森はやがて（パイプ）オルガンに移ったが、終生オルガンを弾いている。ここには、このような上流階級の教育の流れと影響が見られる。明治時代の後半から大正時代とはいえ、興味深い社会状況であったと言えるだろう。森有正も後に回想するように、まだ十分に濃厚な貴族階級の雰囲気をとどめていた。これは第二次大戦の終わりまで続いていたと言えよう。

＊父・明と有正

母の寛子と二歳の明はともに、キリスト教プロテスタントの伝道師である植村正久の導きによってキリスト教に入信する。明の場合は、幼児洗礼である。後に有正の父となる明は喘息で病弱のため、学習院に入学するが学校に行けず、ほとんど自宅で教育を受けた。語学に優れ、キリスト教の牧師となったことはすでに述べた。しかし、喘息から回復することなく、死期を早めてしまった。三七歳という早逝であった。森有正は一四歳であった。

森明の長男として生まれたのが有正であり、その四歳下に妹の綾子が生まれる。この二人の子もクリスチャンとなった。綾子は女子学習院で教育を受けている。有正の暁星小中校での教育に比べ、貴族の一族の子として、綾子の方は自然の流れである貴族の子弟の教育を受けた。父の明自身が学習院に入学しているのに対し、有正に学習院でなく、別の学校を選んでいるのには、その選択に特別の理由があるはずである。この点は後に検討したい。妹の綾子は、日本ＹＷＣＡの会長などを歴任した社会活動家としてよく知られている。また、兄の森有正を敬愛し、常に保護的な姿勢で接していた。森有正は生涯にわたって、いつも優しい世話をする女性たちに囲まれ、大事にされていたのが印象的である。日本でも、フランスでも、多くの女性が近づき森の世話をし、取り囲んでいた。しかし、一方で、結婚とか、結婚に近い男女の関係になると、すべてが破たん状態になっている。これも、また特徴的である。このことは後の章で検討する。

＊母・保子

母の保子は有正にピアノの手ほどきをしていることは先に述べた。明治期に生まれた母の保子がピアノやヴァイオリンを十分にマスターしているということが、前に述べたように貴族階級の家庭に育った女性の位置や生活観を示している。有正は九歳の時から、母からピアノの手ほどきを受けたという。少し経って彼はオルガンに代えた。その後、森は終生オルガンを弾き続けた。音楽楽器の学習としては、少し遅すぎたのではないだろうか。それは森の成人になってからのオルガンの練習での苦労に関係しているのはないだろうか。

クラシックの楽器の学習で、「絶対音感」「相対音感」の獲得は大事な能力である。クラシックの楽器は幼児童期にスタートしないと、音感の獲得が難しいらしい。楽譜を読めても、音を定位して弾いていくことが難しいといわれる。

私は森のオルガン演奏のCDを聞いたとき、異常に緩やかな音の展開にやや違和感があった。この実感を確かめるため、オルガンの専門家に聞いてもらった。感想では、「好きでおやりになっているのであれば、これでよいのではないですか」ということであった。オルガンそれ自体の音は、近くで聞くと圧倒的な迫力があるので、感じ方は人によって違うのかもしれない。演奏の良し悪しというより、迫力に圧倒されることが多い。パリでも、森はオルガンの練習をしているが、テンポが緩やかになり、楽譜のスピードについてゆけないことに苦心して練習していることを日記に書いている。この点はまた、後に検討してみたい。

母の保子はほとんど社会的な活動はしていない。けれども有正にとっては、部屋の中で静かに存在し続けている母のイメージは終生大事なものであった。森有正が東京大学に奉職していたころ、太平洋戦争中であるにもかかわらず、パイプオルガンを求めて、立教大学の教会のオルガンを弾きに行ったりしている。オルガンのある教会などを探して弾いていたという。パリに生活するようになった後にも、オルガンを弾くことはやめなかった。これは母との深い関係を示唆していると思われる。この点も後に見てみたい。

*森有正の学童期から青年期

森の教育は大学まで、戦前、戦中のことであるので、旧制の教育制度のもとで教育を受けていることを理解しておく必要がある。

大正七年（一九一八年）、有正は六歳で暁星小学校に入学、中学まで通して暁星校で過ごした。ここはフランスの修道会・マリア会の創立によるキリスト教・カトリックの学校である。フランスから来た多くの神父が教師をしていた。芸能関係者の入学者が多い。森は七歳からフランス語を学んだ。学習院で学ぶことがふさわしい貴族階級の子どもを、わざわざフランス語を学ばせるためにカトリックの学校に入学させるというのは、少し不自然であると思われる。妹の綾子は女子学習院で教育を受けている。そのうえ、父の明も学習院に入学している。病のために自宅療養と自宅教育を強いられたが。父はプロテスタントの牧師となった。自分の子をカトリックの学校に入学させるということには、かなりの抵抗があったのではないだろうか。それを押さえてもなお、学習院ではなくカトリックの学校に入れるというのには、親としてのはっきりとした特別の意図が働いていることが考えられる。

父の明は、子の有正が祖父の有礼のように、国際的に、また社会的に大きな活動をすることを期待していたのではないだろうか。というのは、当時の国際語はフランス語であった。英語が国際語として使用されるようになるのは、第二次大戦の後のことだからである。森有正の場合、小学入学以来、フランス語を学んだことが、彼の一生を支配することになったのは印象に残ることである。暁星校に入学して後、森は生涯にわたって、仕事のうえではフランス語を中心にした生活を送ることになった。これには、何か運命的なものを感じる。

高等学校（旧制）も、東京高校文科内類（フランス語が第一外国語）に入学した。ナンバースクールといわれた第一高校から第八高校は、バンカラ（注：外見にとらわれず、弊衣破帽、粗野・野蛮を示して、内的な高潔さを生活の信条とした旧制高校生の姿。ハイカラーをもじった用語らしい）で知られていたが、東京高校はそうした校風とは異なり、洒落た校風があったという。東京大学を目指しているなら、第一高等学校を選ぶのが当然のように思われるが、ここでも違っている。この時、父親は死去しているので、森有正自身の意向が強かったのではないだろうか。高校を出ると、東京大学文学部仏文学科に入学している。すべてフランス語が基調となっている。

＊森の結核

森は一九三二年（昭和七年）、二一歳で、東京大学文学部仏文学科に入学した。入学後、しばらくすると、五・一五事件が起こった。社会は右傾化していき、騒然としていた。森は入学すると結核に罹患していることがわかった。当時の結核は不治の病といわれ、治療の困難な病気であった。まだ抗生物質のような薬品の開発はされていなかった。当時の治療法としては、体力を消耗しないため安静に過ごし、栄養をとって体力をつけ、身体的な治癒力を高めるという自然治癒の方法に頼るしか方法がなかった。長い年月の間、社会から隔離された療養は、精神的にも困難な状態を引き起こした。当時、肺結核は日本中に蔓延していて、「死の病」として恐れられていた病気である。森は湘南の海岸で療養した。

森は三年の療養ののち、大学に復帰した。昭和一一年には、二・二六事件が勃発している。これらの青年将校たちの社会的な異議申し立ての行動は大きな社会問題となったが、森はほとんど反応を示していない。影響を受けているようには見えない。二七歳で大学を卒業した（昭和一三年、一九三八年）。結核の療養に時間をとられた。この時の卒業研究の論文は「パスカルについて」であった。これ以降、パスカル研究は森にとって、生涯続くものとなった。卒業して大学院に進学した。ここで研究者の道を進むことを選択したことになった。それ以外の道はほとんど考えていなかったようである。

森有正の卒業の年の昭和一三年の前年には、太平洋戦争の発端となった日中戦争が勃発している。日本の社会は戦争ムードで沸き立っていた。しかし、森は研究室で、静かにフランス哲学、ことにデカルトとパスカルに取り組んでいた。

*東京大学での生活

東京大学の仏文学科には当時、多くのすぐれた学者が集まっていた。辰野隆が教授であった。渡辺一夫が助教授、また卒業生で評論家として活躍していた小林秀雄、前田陽一、そのほか多くの逸材がいた。すべて仏文学科の出身ではないが、森有正との関係で言うと、東京大学での後継者となった井上究一郎、菅野昭正、伊藤勝彦、中村雄二郎、内田義彦、木下順二、丸山眞男、大江健三郎、二宮正之らがいた。森は東京大学の先輩、後輩、そして教え子、また仏文学科の卒業生を中心とした同窓の関係者の中で支えられて生きた人だと言うことができるだろう。

森は知的な階級の人々の中では人気のある人であった。広い好意的な友人関係や対人関係は、森独特のひょうきんな、駄洒落のようなユーモアと、一途でまじめな姿勢の混在、また集中的な深い思考力という点に特色があった。森の大学院の三年目に太平洋戦争が勃発した。当時、大学の研究者も何らかの形で戦争に協力することが求められていた時代であった。森は結核の既往症があるため、徴兵はされなかった。このような厳しい社会状況の中で、森は大学の研究室で、フランス哲学に集中していたと言うことができるだろう。世間は戦争一色で騒がしかった。しかし、敵性外国語（フランス語）でする学問を研究しているのであるから、発表の機会はそれほど多くはなかった。ひたすら静かに読んで、学び、研究をしていたと思われる。戦争中でも、森の周辺は静かであり、学究的な雰囲気があった。

家族は東京を離れて長野に疎開していた。長野には、妹の関屋綾子の家族がいたのが縁であった。妹の夫の関屋光彦は松本高校の教授であり、当時松本に住んでいた。森は東京大学のＹＭＣＡ会館にひとりで住んでいた。ここでまた多くの友人と接している。隣の部屋に住んでいた劇作家となった木下順二とは、生涯にわたって深い友情関係で結ばれた。森は木下の作品をフランスに紹介したりしている。夏休みに日本に帰国するようになると、ほとんど毎回木下と会っている。また、二人の対談などを雑誌に発表したりしている。

＊結　婚

森は大学の助手時代に結婚している。一九四二年（昭和一七年）三一歳であった。太平洋戦争開戦の二年目である。真珠湾攻撃による開戦で、日本には戦勝のムードが濃かった。この時期での結婚である。

この結婚のいきさつも、貴族としての森家の社会的な慣習にそっているとは言えない。その慣習は森の父までであった。森有正の場合、教会関係の知人と、その人がたまたま、東京大学仏文学科の主任教授である辰野隆の知り合いであったということであった。助手であった森は、紹介されると、「わかりました」と言って結婚した。自分の願望や希望はどこにも表明していない。妻は森を慕っていた人ではあったが、森を理解し、支えることができたかどうかはよくわからない。伊藤勝彦などは、著書『森有正先生と僕』（新曜社）の中で、森の女性関係の難しさを、やがて離婚になってしまうこの結婚と、パリでのフランス人女性との再婚と離婚とを見て、「森先生は、この男女関係だけはダメだった」と厳しい言葉で評している。

戦後すぐに、森の長女が肺炎に罹患したとき、森は当時入手に困難で高価だった特効薬のストレプトマイシンを手に入れ、疎開先の長野の松本まで、苦労をして持っていくが、間に合わなかった。長女を亡くしたこの悲痛な経験の思い出を、切々と美しい文章で描いている。その後、二人の子どもができた。

＊パリへの留学

一九五〇年にフランスに留学し、そのまま留まった。森有正の夫婦関係や家族関係は放置状態であった。家族が経済的な困窮状態になっても、森は何もしなかった。パリで収入のない森には、したいと思っても何もできなかったのである。五五年か五六年に離婚をすることになる。離婚のいきさつについて森は何も語っていない。

働き手は森しかいなかったので、たとえ財産がいくらかあったとしても、生活は困難なことだっただろう。森はこのことについても何にも語っていない。その貧困の状態は、伊藤勝彦の『天地有情の哲学』（ちくま学芸文庫）の中に描かれている。伊藤の親戚のところに、森の妻が家政婦として働きに来ていたということもあった。

森は一九五五年に、フランスにわたって後、五年ぶりに初めて日本に三か月間帰国した。その理由は「私事であるので書くに値しないことだ」と述べており、公表されている文書のどこにも森は書いていない。関係者しか、わからない。関係者も口をつぐんでいるので、本当の事情はわからない。この人生の一大事は、森の公表されている日記にも書かれていない（これは編集者の手で割愛されている可能性もある）。

ここでは推察するしかないが、人生上の重要な出来事を無視していることになる。すでにパリに滞在して五年を経過して、『バビロンの流れのほとりにて』の原稿が完成していた。森のこの秘密主義は理解しにくいことである。また、日記にも書いてない。森の哲学思想を知るうえでも、森の言う「経験」を考えるうえでも、なくてはならない資料と思われるのだが。

この点は逆説的に森の日記の性格を物語っていることになる。つまり、内的な世界の公表を可能にする部分を日記というスタイルをとった作品として位置付けていたのだろうと推察できる。森は日記をフランス人の助手にタイプさせていたということからも、このような推察をすることができる。この点は後に検討したい。

離婚の後、森は次女の聡子《としこ》をパリに引き取り、一緒に生活するようになる。長男の有順《ありゆき》は母親と暮らすことになった。この子どもの分割養育というのも、金銭的には仕方がなかったかもしれない。しかし、少し残酷な姉弟の分割だったのではなかったかと思う。この家族の分裂が、森と生活することになった聡子の悲劇（自死）を生んだところにまで関係していると考える人もいる（伊藤勝彦、『森有正先生と僕』）。

＊東京大学助教授の森

森の助教授への就任は一九四八年（昭和二三年）である。三七歳であった。一九五〇年に森はフランスに旅立つので、わずか二年しか勤めていない。この後、二、三年の間に森は驚異的な膨大な量の著述を爆発的にしていく。

日本は戦争で疲弊し、ことに知的な世界で欧米の思想や知的な情報の流入が中断されていたなかで、いわば枯渇した砂漠が水を吸収するように、社会は知的なものを求めた。森はそれに応えることのできる貴重な人物となった。森は卒業論文の「パスカル研究」に始まり、戦争中にこれまで学んだデカルト、パスカルその他について書いていく。森の中のエネルギーと外部の人々の森への期待とが一致したかのように、森はそれらの著述で多くの人々に歓迎された。

一九四八年（昭和二三年）の一月に『デカルトの人間像』（白日書院）が出版された。一一月に『近代精神とキリスト教』（河出書房）が出版された。二年後に森はフランスに旅立つが、それまでにさらに多くの出版を行う。一九五〇年一月（昭和二五年）『現代フランス思想の展望』（桜井書店）、また同じく、一月には有名になった『ドストエフスキー覚書』（創元社）、四月に『思想の自由と人間の責任』（日本評論社）、六月に『現代人と宗教』（要書房）、一一月に、東京大学協同組合出版部から『デカルト研究』を出版した。爆発的な勢いであった。

同じように、大学での研究者だった者として、また著書の出版、論文の出版に関心をもつ私にとっても、森の活動、ことに著書の出版の数の多さは、その質の高さを考えると、まったく驚異的な独特の能力であると思う。森がフランスにわたり、帰国することを拒んだときに、多くの人々が森の帰国を待ち望んだのも、この森の才能と能力を期待してのことだったと思われる。

この出版は超人的なエネルギーであった。一九五〇年の夏にはフランスに出発することがわかっていたとしても、その精力には圧倒されてしまう。森の豊かな才能の花が開いたのだった。森は東京大学内部で注目されただけでなく、日本のフランス文学界、フランス哲学界でも注目される人となっていた。その彼がフランスに留学した。パリ留学は一年の約束であったので、周囲は何も心配はしていなかった。もう少しスケールが大きくなって、帰国することを皆は期待していた。しかし、森は帰って来なかった。また、日本で示した精力的な著書を執筆するということもなくなった。お金のために、若干の「パリ通信」のような文章は書いていたのだが。

＊フランスへ

森は戦後、第一回目のフランス政府給付留学生に選ばれた。そしてパリに留学した。これは一年間の留学である。しかし、森は一年たっても、二年たっても日本に帰って来なかった。著書の出版もなかった。それは大きな事件だった。森に何が起こったのか。なぜ日本に帰らないのか。なぜ、嘱望されていた東京大学を辞めたのか。東京大学の仏文学科の内部では、後継者がいなくなるということで騒がしくなった。教授の渡辺一夫が、パリまで森の帰国の説得に行った。答えはノーだった。また、東京大学総長の南原繁までが、パリまで出かけて説得した。南原はクリスチャンとしても森と旧知の仲であった。三日にわたって南原の説得が続いたという。しかし、森の答えはノーだった。これは世間体や上下関係を大事にして、対人関係を維持することを心掛けている森としては、やや特異な行動である。

これだけ周囲から嘱望され、期待されているのに、かたくなに断るというのは、いったい何なのだろうか。森は大きな決断をすでにしていた。これまでのすべてを捨てて、パリに留まるという決意であった。しかし、それは周囲のほとんど誰にもわからなかった。

＊パリ永住の決意

森は、何があってもパリを動かないという決意をした。彼の独特のひらめきか、直感があったらしい。それは周囲の多くの人たちも推察できなかった。周囲の人びとにとっては、森の決断はまったく理解を超えていた。パリの滞在には金が必要だ。そのために森は日本政府関係の国際会議での通訳をしたり、また翻訳をしたりした。また、日本から来る学者や政府関係者などの観光案内のようなことをした。このようにして金を稼いだ。どん底の生活だった。

＊日本文学史の教育の開始

一九五五年からパリ大学東洋語研究所で日本文学史の講義をするようになり、定期的に固定した収入が入るようになった。日本文学史など、森は日本では専門的に学んだことのない領域のことである。日本人であれば、少しのことならできるであろうという気持ちがあったのではないだろうか。日本ではフランス哲学を学び、フランスでは日本文学史を教えるというのは、不思議な逆転である。背に腹は代えられないという事態だったのではないだろうか。

これは、皮肉な事態とも言える。はじめは、食うためには職を選べなかった。けれどもいったん仕事を始めると、森は日本文学史や日本文化の研究にのめりこんでいった。やがて森にとって思想的にも、なくてはならないものとなっていった。やり始めると、徹底的にやってしまうのは、森の特有の行動パターンでもある。

前に述べたように、日本にいた家族は、森が東京大学を辞めてからは、給与もなく、おそらく生活に困ったことだろう。森の妻は二人の子どもを抱えて、困惑していたことがわかる。「私の主人というのは、どうしようもない、無責任で自分勝手な男なんですよ。東京大学の助教授でありながら、フランスに行ったまま帰って来ない。ろくに便りもよこさないという非人間なんです。三年たって東京大学の地位を失われてしまってもフランスにしがみついているのですから許せません。二人の子供がいるのに送金もしてこない。それが立派な学者のすることでしょうか」と述べたという（伊藤勝彦『天地有情の哲学』、128頁）。妻は子ども二人をかかえて、家政婦のような仕事をして金を稼いだ。夫婦関係もどうにもならなくなるところまで追い詰められた。

森はパリに踏みとどまった後、一九五五年に初めて日本に帰国した。このことは前に述べた。五年ぶりである。この時は三か月の日本滞在であった。家族内で起こっているのっぴきならない問題を片付けるのが目的であったと思われる。その一〇年後、一九六六年から日本に定期的に帰国するようになるが、森の帰国はいつも賑やかな祭りのようであったのに比べると、まったく内密の帰国であった。森は著書にも、日記にも、これらのいきさつは書いていない。森の周囲の人たちも、前に述べたように、この点には触れていない。

＊娘・聡子《としこ》との生活

森が娘とパリで暮らすことになった時、娘の聡子は小学一年生であった。息子の有順は母と東京で暮らした。森有正の母の保子がいた間は、徳川家などからの経済的な支援があったかもしれない。しかし、母の保子は一九五九年に死去する。森有正は葬儀に立ち会ってない。森有正にとって大切で、大事な母であったが。森自身の妻は家系的に森家や徳川家などとのつながりはないので、おそらく親戚つきあいもなく、自分で働いて金を稼ぐ以外には方法がなかったのではないだろうか。

森自身も生活上は苦労が多かった。外的な事情はひどいものであったが、しかし、森の内的な精神的な活動は活発であった。森がパリに永住することの意味を語るのは、書簡形式で書かれたエッセー『バビロンの流れのほとりにて』という著書であった。一九五七年に出版された。パリに生活して七年目である。この著書が出版されたとき、日本では森の著書に対して、「そういうことだったのか」と驚きと同時に、熱のこもった歓迎が示された。日本の読者は森を受け入れた。森が文字通り生活を懸けた努力に感動したのである。また、一九五〇年までの森有正の仕事のことを知らない人たち、ことに若い人たち、また自己のアイデンティティの形成や確立と生き方に苦しみ、真剣に人生に対峙しようとしている青年や大学生たちは、新しい、しかし厳しい生き方を提示している森の著書に、大きな期待と歓迎の意向を示したのであった。

＊『バビロンの流れのほとりにて』（一九五七年）の出版

この著書の出版は日本の多くの読者にとって驚きであった。これまでの森の著書や論文とまったく違っていた。書き方のスタイル、文体も、内容もまったく違っていた。それは自己の内面をモノローグ的に語るような日記体のような、友人に吐露する書簡体のような、読者を相手に直接に語るような形をとっている。それまでの森の哲学用語の晦渋《かいじゅう》な言葉遣いはほとんどないと言ってよかった。また、自分の生活から離れた外から見るような、知的な観照的態度もなかった。以前の著書のような、知的で観念的な文章もない。森は直接に読者と対話をしている形の文体であるので、読者も誘われて対話をするように、森の文章の世界に入ることができる。

そしてこの著書は、森がなぜパリに留まらねばならないか、また今後も留まり続けるかについての「告白の書」と言うことができる。多くの人はその姿勢に納得した。というより、その情熱的な姿勢に多くの人が感動した。私もそのひとりである。この点を読み解くことは、森を理解するうえで欠くことはできない。また、私のように心理臨床や精神分析の実践をしている者として、同質の地平に立っているのではないかということを感じさせるものである。

＊日本への公式な出張による帰国と執筆の再開

森は一九六六年（昭和四一年）、五五歳になった。パリに来て一六年後に、公的には、初めて日本に一時帰国することになった。この年から以降、夏の休みを利用して、毎年日本に帰国するようになる。森はまた、この後から多くの著書を出版していくことになる。しかし、その著書はフランスへ行く以前の文章と違い、またその内容もまったく違っていた。森の書くものは、自己の経験に基づいて、その経験を記述することを通して、自分を語るという文章であった。『流れのほとりにて―パリの書簡』（一九五九年）、『城門のかたわらにて』（一九六三年）、『遥かなノートル・ダム』（一九六七年）、『木々は光を浴びて』（一九七二年）、『遠ざかるノートル・ダム』（一九七六年）（この年に森は亡くなった）などが、『バビロンの流れのほとりにて』とつながる著書として、次々と出版されていった。

一九六六年の帰国では、国際基督教大学で、「ヨーロッパより帰りて」という題で講演した。また、東京日仏会館では、「パリの生活の一断片」という題で話をした。この後、毎年日本のいくつかの大学で「パスカル」「デカルト」の講読や集中講義をしたり、講演をしたりすることになった。

日本に帰ると、多忙な生活を送った。森の周辺は賑やかな、お祭りのような雰囲気があった。頼まれると時間が許す限り、講演や対談などを引き受けた。また、雑誌に随想を書いていった。これは『バビロンの流れのほとりにて』の同じ流れのエッセーだった。流し読みのできるような文章ではなかった。この点は対談においても、また講演においても同じ姿勢であった。話題の中心は、「経験」を「言葉」の生まれる基盤として、その重要性を語り、「経験と体験の違い」を語り、言葉の発生としてのフランスと日本の文化と土壌の違い、人のかかわりが言語の構造に示されていることなどを語っていった。これを森は、「しなければならない」「この道を進むべきだ」といったように「断言的」「確信的」に語った。それは自己の経験に根差していて説得力のある、かなりの迫力となって伝わった。これらは森の「経験の哲学」と称してもよいものであった。この点については後に検討したい。

＊森の晩年

森はパリ大学東洋語研究所で日本文学史を教えるようになった。パリ大学の外国人教授になってから、生活は安定し、自分のための時間をとることができるようになった。一九六六年以降、日本にも毎年帰国し、大学での集中講義、講演、対談、雑誌記事の面談など、時間が許す限り、すべてを引き受けた。これは森のエネルギーの大きさがあったからであろう。また、すべての人に満足を与えたいという森のサービス精神だったかもしれない。これらは賑やかなお祭りの中の主人公のような振る舞いにも見えた。独り舞台で話をするのも好きな森であったので、苦痛ではなかっただろう。しかし、体には大きな負担がかかっていた。

やがて森は日本への帰還を考え始める。毎年、国際基督教大学での集中講義を行った。最晩年には、大学の専任教授になり、日本に戻るということも計画にあったらしい。少なくとも、森の視野には入っていた。その理由はパリに踏みとどまった一九五〇年の理由はもはやなくなっていたという自覚があった。森にとってパリはもはや特別な場所ではなく、自分の内的な思考の在り方は、どこにいても揺るがないということにあった。文化の違いや場所によって異なることはもうなくなったという森の自覚があった。

森がパリでやりたいことは、あと二つあった。一つはパリ大学町にある日本館の館長になること、それからパリに住む日本人の集まりである日本人会の会長になることであった。管理能力があるとは思われない森が、また煩雑な仕事をする日本館の館長の仕事を引き受けることになる。哲学者としては、やや俗っぽい印象がある。

これを森は積極的に、しかも強引に求めた。そのうえ、これを二期四年（一九七二―一九七六）務めた。館長としては、それ以前も、以後も今日まで例がない。館長は規定上、夫婦が同居をするという条件があった。これを娘と同居するということで言い逃れた。周囲は認めた。森のこのこだわりは何だったのだろうか。関係者もこれを許しているのは、どういうことだったのだろか。金銭的な収入にこだわりがあったのだろうか。すでにパリ大学の教授であったので、金銭的に困ることはなかった。日本での講義や講演の収入などを考えると、金銭的な関心ということだけではないらしい。館長就任によって、給与は大学と合わせて二倍になった。

想像できるのは、祖父、森有礼のように日本の教育界の頂点に立って人を導くということ、父のように人を慈つける魅力と教会のような多くの人の集まりの頂点に立つことということに近いものだったのだろうか。また、パリの日本人会長というのは、森にとっては世俗的すぎるという印象がつよい。

パリ郊外のアンギャンに家も購入できた。森が欲しかったひと部屋を占めるような立派なパイプオルガンも購入した。自宅で弾くことが可能になった。森が望んでいたことがすべて叶ったように思われた。

この新しい家に引っ越して二週間目に、タイピストで、また森の秘書役のようなことをしていたディアーヌ・ドゥリアーズと二宮正之と三人での食事中に倒れた。すぐに、パリのサルペトリエール病院に入院した。そのまま退院することなく、一〇月一八日に死去した。享年六五歳であった。

この状況を二宮正之は「詩人が言葉を失うとき」(『私の中のシャルトル』ちくま学芸文庫)に見事に描写している。移ったばかりの新しい家には、家具がまだ整理されていなかった。パイプオルガンも組みたてられないまま、置かれていた。森はこのオルガンを弾くことなく人生を終えてしまった。

森の遺体はパリのペール・ラシェーズ墓地で火葬にされ、その後日本に運ばれた。一九七六年一一月三日に国際基督教大学で、告別式が執り行われた。

本章の初出論文

鑪　幹八郎（二〇〇二）：「森有正の成育史と業績に関する資料の検討」　臨床心理研究―京都文教大学心理臨床センター紀要、第４号、１‐16．

参考図書

Erikson, E. H. (1964)：*Insight and responsibility*. New York, NY: W. W. Norton.（鑪　幹八郎（訳）（二〇一六）：『洞察と責任』　誠信書房（新訳））

伊藤勝彦（二〇〇〇）：『天地有情の哲学』　ちくま学芸文庫　筑摩書房

伊藤勝彦（二〇〇九）：『森有正先生と僕』 新曜社
二宮正之（二〇〇〇）：『私の中のシャルトル』 ちくま学芸文庫　筑摩書房
林　望（二〇一〇）：『薩摩スチューデント、西へ』 光文社
森　有正（一九五七）：『バビロンの流れのほとりにて』 筑摩書房
森　有正（二〇〇二）：『経験と思想』 岩波書店

第二章

森有正がパリに留まる契機について

＊パリに留まる無謀な決意

フランス政府給費奨学金は一年で切れた。帰りの旅費ももらって生活費に当て、使ってしまった。東大助教授であり、やがて教授の地位も保証されていた。彼はこれを切り捨てた。家族は日本に生活している。これまでは東大からの給与が支払われているので、生活には別に不自由はなかった。これからは収入がゼロになる。

日本での家族の生活費はどうするのか。

パリには一定の収入が保証されている職があるのか。それはない。

固定した収入はあるのか。それはない。

生活の面では最悪の状態である。

それでもなおパリに留まりたい。その動機は一体何だろうか。これはわかりにくい。よほど大きな理由があるだろうということはわかる。それが何かわからない。パリにいる日本人たちにも、また東京にいる家族にも、大学の関係者にもわからなかった。森がひとりで決めたことであった。

この間に、森はいろいろの紀行文のようなものを書いて日本に送っている。よく書く人である。補遺集を入れると、膨大な一五巻の全集を残している。また、多くの人とよく話をした。対談集だけでも三巻になって出版されている。学生、一般の人、教会の信者など多くの人に向かって語った。これは生涯続いた。森の特徴的な習い性である。

パリ滞在の次の年の、一九五一年だけみても、次のようなものがある。「フランスだより第一信」（『展望』、三月号）、「歴史の旋律―パリ通信（一）」（『人間』、三月号）、「フランス赤毛套」（『女性改造』、三月号）、「ジイドの死―フランスだより第二信」（『展望』、四月号）、「カミュ、グリーン、マルセルのアンドレ・ジイド追悼―パリ通信（二）」

（『人間』、五月号）、「焼絵硝子―フランス通信」（『婦人公論』、五月号）、「新しい空間にたって―フランスだより第三信」（『展望』、七月号）、「辻音楽師―パリ点描」（『世界』、八月号）、「現代フランスの文化―エッフェル塔を眺めながら」（『世界』、一二月号）などである。全部で九編。三月号に三編、四月号に一編、五月号に二編、七月、八月、一二月号にそれぞれ一編である。ひと月に一編というスピードで書いている。私が探したものがこれだけだから、ほかにもまだあるだろう。読者の要求も多かったのだろう。森もどんどん書いているという印象である。これらは森の一番書きたかったことではなかったかもしれない。収入になることがあれば、書けるものはなんでも書くということだった。多くの文章を書いて、日本の読者にパリやフランスの様子を伝えている。これらの文章は知的に飢えていた人々やヨーロッパ、ことにパリやロンドンにあこがれていた人々の渇望を潤した。また、森にとっては、若干の現金収入になった。これらの文章を読んでも、森の内面に起きていることはわからない。またパリに留まらざるをえない理由を推測することはできない。

＊『バビロンの流れのほとりにて』の出版

一九五七年に『バビロンの流れのほとりにて』を森は出版した。この著書は衝撃的なものであった。これによって森の内面からの理解が初めてできるようになった。この本は森の内面の動機を記した「自分の決意」「自分の生き方」「パリに留まることの意味」「自分の思想と経験」について、初めて明らかにした告白の書と言うことができる。これによって多くの人は「そうだったのか」と納得した。しかし、納得したからといって、賛成したわけではなかった。出版された一九五七年は、森がパリに到着して七年目である。無職のまま、パリに留まることを決意して五年が経っている。その滞在の苦労には格別なものがあった。

森は「フランスだより」的な文章を日本に送っていた、と右に書いた。一方では、『バビロンの流れのほとりにて』の素材となるものを日記や手記の形として主にフランス語で、書き始めていた。これらの手記は森の今後の人生を決定していく性質のものであった。森の日記は現在、全集の中に入れられて出版されている。（森有正全集、13巻、14巻）（以下の引用では「全集」と表記）

（注：本書で著者は『バビロンの流れのほとりにて』の出版年は一九五七年とした。二宮正之の『森有正エッセー集成Ⅰ』（筑摩書房）の解題および『森有正全集1』の編集者の解題として書いている二宮によると、正確には一九五七年一月二七日に大日本雄弁会講談社から刊行された。その後、版権は筑摩書房に移された。筑摩書房では、昭和四三（一九五八）年六月一〇日に、「初版第1刷」と記されている。この一年ないし二年のズレは、この時期の森有正を考察する者にとってはきわめて大きな意味をもっている。なお、森自身の「筆者のあとがき」には、「一九五六年　初秋　ガール県ソミエールにて」と書かれている。本書の中では、筆者は二宮の説に従っている。原稿は一九五六年には森の手を離れ、一九五七年に出版されたものとして、論旨を展開している。

なお、『バビロンの流れのほとりにて』の冒頭の日付には年の記述がない。単に「パリにて　十月八日」となっている。二宮の推定としては、さまざまな資料の参照から一九五三年としている。したがって、本書では一九五三年一〇月八日から一九五六年九月三日までの記述として考察を進めている。）

*森の直観とパリに留まること

森はパリの長期滞在のことについて、二二年後の一九七二年に「紀行『バビロンの流れのほとりにて』」に書いている。この要点を引用してみる。

「もう二十年も前、私は『バビロンの流れのほとりにて』という題で一冊の本を書いたが、今でもその続きを書いている。どうしてこんな題をつけたのか。それは私にも長い間一つの謎であった。しかし同時に私の書いている本には他の題をつけることができないというのも、私の確信であり、この確信は強くなるばかりである。」（「全集5」、336頁）

「私の中には、そしてそれは恐らく誰でもそうではないかと思うが、人生についての一つの原像とも言うべきものがあって、それを喚起するようなものに出会うたびに、自分の運命が自分に触れ、自分の根拠がうずくような気がするのである。

私にとって、その原像は、チグリス河ユウフラテス河によって形成されるメソポタミアの景観であり、更にそれに沿って遡って行った「創世記」に出て来る一人の古代人の姿である。その人物は、私が小学生の時、生れて始めて読んだ本の中に現われて来たし、またそのバビロンの流れは大学の時専攻したパスカルの『パンセ』の中のもっとも美しい断章の主題を構成している。私が数十年来奏いているバッハのオルガン曲の最高傑作の一つは「バビロンの流れのほとりにて」という題をもっているコラール前奏曲である。……この出典は……「詩編」であるが。バビロニア捕囚となったイスラエル民族が、バビロンの人々の前に故郷の歌をうたうことを拒否し、楽器を柳の枝に掛けて、捕囚のはずかしめに堪え、心にシオンを憶うという詩である。

だから「バビロンの流れ」という言葉に触れる時、それは私の中に二重の映像と意味とを喚起する。一つは神による内心の促しに導かれて行くところを知らずに歩み出したアブラハムと一つは異民族のなぐさみに故郷の歌をうたうことを拒否して沈黙した捕囚のイスラエル人達とであり、それは信仰による冒険と自己の源泉への貞操と忠実とを意味している。それは世界への「出発」と故郷への「帰還」と言いかえてもよい」。（「全集5」、336－337頁）

この文章は森の当時の心境をかなり正確に語っていると思う。森の中の二重の映像を喚起しているものは、旧約聖書のアブラハムと異民族としてのイスラエルの民である。アブラハムはイスラエルの民の長であり、自分の意志でなく、神の命令に従って出発する。森のパリ滞在の決意も、自分の意志を超えた力によって定められた、というところがあったのではないかと思う。逆境の中で、突然、雷鳴と電光に撃たれるように決意をしてしまった。そしてアブラハムの導く民のいる場所は異郷である。民はバビロン川のほとりで故郷を思っている。森はひとりでパリという異郷で、セーヌ川のほとりで故郷日本を思っているのである。故郷はいつか自分の戻る場所であった。

この本の「あとがき」に森は簡単に、次のように書いている。

「一九五三年から五六年にかけて書いた一連の手紙を、対信者の承諾をえて、一冊に纏めたものである。したがってこれは首尾一貫した論述とはまったく性質を異にするものである。題は、パスカルの『パンセ』の一節から取った。意味は読者が自由につけて戴きたい。

一九五六年　初秋　ガール県ソミエールにて」。

しかし、いずれも森がパリに踏みとどまる理由の説明にはなっていない。

*辻邦生の『森有正―感覚のめざすもの』

これに正面から取り組んだのは、森の大学の後輩というか「教え子」（森はそう呼んでいたという）であり、小説家となり、森の紹介によって、パリで生活した辻邦生である。森が亡くなるまで（一九七六年）、親戚のように親しくつき合っていた。そして森の没後四年に、辻は『森有正―感覚のめざすもの』（筑摩書房、一九八〇年）を出版して、森を正面からとらえようとした。また、「ある生涯の軌跡」（73-94頁）で的確な深い検討を行っている。これは森と対決するというような厳しい姿勢での接近であった。この文章の焦点は、森がなぜパリに留まり続けなければならなかったのかについて、その本質に迫るものであった。
そこで辻の「森有正理解」を検討し、まとめてみたい。

＊フランス留学と惧《おそ》れ

森の「パリ長期滞在」については、森の内面で起こっていた。森はそのきっかけといったものを「パリ、フランス滞在への惧《おそ》れ」としてたびたび述べている。

「一九五〇年の八月下旬海路私はフランスへ向かった。すでにほぼ書き上げていたパスカルに関する学位論文を一年間パリで推敲して翌年夏には戻る予定であった。したがってパリに長くいるつもりはなく、また名所旧跡を訪れる興味も全然なかった。何となく面倒であり、また漠然とした不安があった。アリストテレス以来、二千数百年間、哲学史の本を頭でたどるのではなく、生きた、複雑きわまりない現実の歴史と経験との中から鍛え上げられたパリの学界で、わずか数年研究した貧しい研究の成果（?）を色々と検討することは、それを考えただけで、何ともいえない、また誰に対するともわからない、不快の念に襲われた」。

（『わが思索わが風土』全集5、173-174頁）

「丸三年前の九月の末、僕はマルセイユの旧港の近くのバーに入っていた。ある一人の友だちと話をしていた。日本からここに着いたばかりなのに、僕は日本へ帰りたかった。パリに行くのが恐くてたまらなかった。そこには必ず僕の手に負えない何かがあるような気がした」。

（『バビロンの流れのほとりにて』全集1、15頁）

辻が注目するのは、森がフランスの土地を踏むことの「不安」と「惧《おそ》れ」である。森はフランス留学をする船の中、またマルセイユに着いてすぐ、またパリへ行く列車の中で、強い不安というか、深い惧《おそ》れを抱いて、いたたまれなくなったと記している。このまま帰国してしまいたい、という後悔の念または衝動について、何度も繰り返し記している。森は次のように言っている。

「マルセイユで僕の感じた恐れは何だったのだろう。それはくり返しになるがそこには僕の手に負えない何かがあるのだという予感だった。この予感は日本を立つ時、すでにかなりはっきりしていた」。（右同、15頁）

森の内的な恐怖、不安とは何だったのだろうか。これはマルセイユ以前からあったものだった。そしてフランスの地に足を踏み入れた瞬間に、もはや覆い隠すことのできないものとして迫ってきた内的体験であった。

＊裸にされる不安

森はすでに日本を出発するときから、この不安や惧れを感じていた。それは自分が裸にされ、内面には何も残らない空虚な人間になってしまう不安であったと言ってよい。

「僕の感じた恐怖をもう少し分析してみると、パリには僕にとって何かどうにもならない、密度の高い、硬質のものがある、という感じだった。人は、僕の方こそパリを必要としているのだ、僕はパリに行ってたくさんのことを学ぶのだというだろう。しかし、この考えは僕に関する限りまちがっている。いったい人はパリに行って何を学ぼうというのだろう。……パリに行って、自分のためになるように学べることは全部日本で学ぶことができるのだ」。

（同右、15-16頁　傍点強調は原著者）

森の言葉は挑戦的とも言えるような、どこかで怒りをおびている言葉で書かれている。これは日本にはない、珍しいものを見て体験を増やす、知識を増やすという旅行者の視線で書かれた種類の文章ではない。もっと内的な深い精神の層からくる、揺さぶられる体験の症状なのである（後にやがて、森はこれに「経験」という名前をつけ、「体験」と峻別するようになる）。そしてこの答えも、次の文章のようになって示されている。それはマルセイユの港を見下ろす丘の上にあるノートル・ダム・ドゥ・ラ・ギャルド教会の中の礼拝に参加しての感想である。森がまだ暁星小・中学校に在学していたころに、礼拝で聞いていたグレゴリオ聖歌が、ここでも歌われていたのだった。森が深い感動と共感を得たことは、読む者にとってもしみじみと感じることができる。

「それはキリスト教の言葉を使えばMISÉRICORDEというのだろう。それは先刻僕の言ったDÉSOLATIONとCONSOLATIONとが一つに融合している魂の感覚が宗教的に深く表われたものだといえないだろうか」。

（『バビロンの流れのほとりにて』、同右、17頁）

「聖像、祭壇の美しい草花、それは内なる魂の世界の表現であり、それ自体外界から隔絶して、……魂が外界から、より美しい自己の内面の調和へと向い、更にそれを外界の一つの領域の中に形成して、自らを証言しようとする、その心の道を言いたいのだ」。

（同右、19頁）

「僕はマルセイユにはじめて着いた日から今日までの三年の年月が、僕にとって、どんな意味と重味とをもっているかを考えつづけていた。そして僕の気付いたことは、僕の思想の変化でもなければ、僕の見解が深まったという自覚でもなかった。僕の感覚の集積そのものが、……おもむろに変容をとげてきたということであった。……僕はもう知識の上で、フランスをもっと複雑に知ろうという気持はなくなった。それはきりのないことだし、またその知識は時が経てば古びてしまうだろう。そうではなくて僕の仕事そのものが、内面的に、文明ということの水準に相応わしく、活動しなければならないという自覚である。この自覚は僕に絶望と前途へのはげみを同時にあたえてくれる」。

（同右、21頁）

森はこのような自覚に達するのに三年の年月を要したと言っている。パリ滞在が二年を終えたときには、パリでの永住を決めている。だから、内的にはもっと早い時期に、この結論に達したということが言えるだろう。それは直観のようなもので、まだ言葉にはなっていなかった。しかし、内的には、すでに十分に確実な感覚としてとらえられていたものだった。前にも述べているように、森はこの直観を象徴的に、旧約聖書の中のイスラエルの民の指導者アブラハムと同じものとして、神の召命としてとらえていると言えるだろう。森の文章や講演などでは、よくアブラハムのことが語られている。神からの召命というところでの同一化があることは明らかである。

それは彼の中にある経験の二重性ということになるだろう。「経験」ということばは後に森によって特定の定義が与えられるが、ここでは一般的な意味で使っておきたい。この二重性について、辻邦生は『森有正―感覚のめざすもの』（一九八〇）の中で次のような理解を示している。この理解に対して私も同意したいところである。

「（森有正）氏が『何ともいえない、また誰に対するともわからない、不快の念』を感じたのは、自分が、いわば、現に近づいているこのヨーロッパでできあがっている、思索的構築物と等価なものを、すでにつくりあげていた自覚があったからである。それが『不快の念』であるのは、そこに、一種の詐術のごときものが介入して、外見は、まったく本物の研究とそっくりなものができあがっていたことを、鋭く氏が直覚したからである」。

（『森有正―感覚のめざすもの』、82頁）

それは俗な表現を借りれば、ハンドバッグや時計などのブランド商品に対して、そっくりのコピー商品を作って、本物を持っている気分で毎日使っているような感じではなかっただろうか。ものの働きにおいて、本物に劣るわけではない。しかし、本物性 vérité、または真正なもの authentique は存在していない。本物の世界でコピー商品を本物のように持ち歩いている不快さ、ぎこちなさといったものへの気づきである。辻は続けて次のように述べている。

「そのとき、本場の研究に触れて、自己の研究成果が意味を失ない、崩壊するというのとは違った、ある物憂い、やり切れない、億劫な、強いて言えば、自分で自分の詐術の責任をとらねばならぬごとき、長い長い道のりが、森有正氏の眼に見えていたのである。自分の思索的構築物が堅固であり、高い水準の内容を持つと自覚されればされるだけ、それがまったく存在しなかった日本で、それを成したという詐術性が、一種の良心の痛みのように、氏の心を噛みつつ、自覚されたことは、想像に難くない」。

（『森有正―感覚のめざすもの』、82-83頁）

森有正の言葉を借りれば、次のような体験もこの詐術性を裏付けるものではないだろうか。

「この時期には、これまで予想しなかった色々なことが私の精神生活の上に起って来た。その一つは、私の志していた学究生活に対する根本的疑問であった。文学は創作され、そして読まれて精神の糧になるべきものである。それを、科学のように研究するというのは一体意味のあることだろうかという疑問である。自然科学の研究は、それとして客観的に自然の法則を研究し、物質生活の合理化に資することが出来る。しかし文学を研究するというのには、論文を書いて学位をとったり、学者みたいになったりするという主観的満足以外に何か意味があるのであろうか、という疑問である。実をいうとこういう疑問は今日でも続いており、今ではこの疑問はむしろ正当ではないかと思っている」。

（『わが思索わが風土』、「全集5」、171－172頁）

＊詐術性と真正なもの

辻が「詐術性」と言うもの、つまり「贋物」「コピー」のもつ非本来性、非本質性、非本もの性、後に森有正はこれを「ヴェリテ」vérité、「真実なもの」「本物」「誠実なもの」に反するものという言葉で表現している。

日本においては、はじめからコピー商品しかない。そして自分もコピー商品をつくり、売りさばいてきた人物である。そのうえ、コピーの技術を賞賛された人物である、ということに気づけば、「自己」は深く傷つく。また同時に「嫌悪感」や「不快の念」を避けることはできないであろう。その予感がマルセイユの恐怖体験であったと考えられる。

この気づきはパリに来て間違いのないものとなった。不快の念、不安の念ということにとどまらず、はっきりとした詐術性を意識してしまったのである。このとき、人には二つの選択か、可能性がある。

一つは、この詐術性を捨て、本物を持とうとする道である。

もう一つは、偽りであっても本物と言い張って、コピーを堂々と本物として使用し続けるという道である。日本では、後者の道で通用するではないか。後者の道は、自分さえ不快感や嫌悪感に耐えられれば、またコピーという事実を否認することができれば、そのものの働きとしてはほとんど違いがないのだから。だから、やり過ごしていくことができないことはない。

外国から文物を輸入し、それを生活の糧にしてきた人々、ことに観念を操作し、それを売りものにする知識人といわれる人々はこのようなものだったのではないだろうか。それは森有正のみならず、明治以降、あるいは日本という国がかたちづくられて以来、長年にわたって私たちがたどってきたコピー人間の生活だったのではないだろうか。この点について、村瀬孝雄（一九九五）は中野孝次を中年期の出会いと形成の観点から論じている。かつてドイツ文学を専門として、オーストリアに留学した中野孝次（一九九四）は森と同じく、次のように述べているのが印象的である。

中野も次のようにファントムに苦しんだ。

「十代の終わりから、二〇年にわたって西洋の文学を基につくり上げた西洋の幻影（ファントム）が、現実のヨーロッパに身をおくことによって少しずつ崩壊するのを認めねばならなかった。それは一種の自我の崩壊を意味した。自分が空虚になるのを感じた」。

（『生きることと読むことと』、120頁）

中野は自己の内部に作られた西洋のイメージをファントム phantom、まぼろし、幻影、幻像という言葉で表現している。自己の内面にイメージを支える強固な土台があると思っていたのに、それは幻影であり、内部は空虚であるという自覚を得たときには、これまでの自己が崩壊する体験となって私たちを襲うのではないだろうか。この場合の内的な土台とは、中野によると、「日本人でありながら、日本のことについて知らなさ過ぎる」という実感だった。

したがって、中野の努力は日本の古典や日本文化への理解や経験をすすめるという形であらわれる。これに対して森の努力は違っている。彼は自分の業績をはじめ、フランス文学や思想の専門家としてやってきたことの詐術性、ファントム性に気づいたとき、その本物へどのように接近すればよいか、という方向に突き進むことになったのである。ファントム性の自覚の中に、人生の方向を反対に向けて舵をとっていくというのも興味深い。その道程で、森はお金を稼ぐためにパリ大学東洋語研究所で日本文学史を教え始めることになる。これは期せずして、偶然に中野と同じ道を歩むことになってしまったのである。
この点から、西洋体験を明治期に行った漱石、鷗外、荷風における三様の人生の方向が印象深い。鷗外は日本の過去や歴史に沈潜し、荷風は日本の古い風俗や町並みの世界に沈潜し、漱石は日本と西洋の狭間で葛藤し、苦闘したことを表現していった。おそらく、森有正の生き方は漱石の方向であった。森有正は葛藤の苦悩から、西洋の壁を突き抜けていこうとしたと見なすことができるのではないだろうか。

＊森の決意

森有正の多くの関係者は、彼に日本のこれまでのコピーの道、ファントムの道を生きるように勧めた。つまり、一年で帰国し、やがて東大の教授として生きることを要請した。しかし、森はこの道をとらなかった。森は葛藤の苦悩から、西洋の壁を突き抜けていく道をとった。その道をとるということは、本物の商品を生み出している現場に生活して、その中から、「これこそ本物の自分である」というものを思索して生み出していこうとすることである。それはゼロからやり直すことである。これまで身に着けていた衣を脱ぎ捨てて裸になるということである。それを行うには本物を生み出す「場」に居続けるしかない。コピーの世界で本物を生むという作業はできない。森はこの決意を実行するためにパリに留まることを決めた。それは社会生活や日常生活の豊かさや安定、そして社会的地位や名誉などを捨てるということである。「本物の自分」になるということは、生命をかけて求めるほど重要なものであった。このときの自覚について、後に森は次のように述べている。

「パリに来て、一年過ぎたあとで、私は日本へすぐは帰らないことにして、日本の先生方に大学を止めさせて頂きたい旨手紙を出した。これは記憶がはっきりしていないので、もし事実に間違いがあったら許して戴きたいが、最初の手紙を出したのはその頃であったように記憶している。勿論、私は自分の願いがすぐきき届けられようとは考えていなかった。しかし私は、もっとパリに止まっていたいと考えた。その手紙を出した夜おそく、サン・ジャック街と左岸の河岸の角にあるカフェーの風の吹きさらすテラスに坐って、ノートル・ダムを眺めていた。時間がおそかったせいか、あるいは外の理由によってか、ノートル・ダムは照明されていなかった。しかしその晩の記憶は今もはっきりと残っている。もう大分寒くなっていたので、十一月かあるいはもう十二月になっていたかも知れなかった。今では一番意識するのが苦しい記憶であり、これには時効はない、とその時から考えていた。

暗いノートル・ダムは私の中に容赦なくのめり込んで来た。前途には明るいものは少しも見えなかった。また私も、少しもそれを予想も予期もしていなかった。給費は一年で切れた。フランス外務省留学掛りのところへ、帰途の旅費を受取りに来るようにとの知らせで出向いたところが、掛りの女の人が、「あなたはこのお金できっと帰りの船には乗りませんよ」と笑いながら言ってくれた。そういう人が私の外にも沢山いるのだろうか。私はその頃は大学都市を出て、七区のエッフェル塔の近くに下宿し、やがて間もなくカルティエ・ラタンの安宿に移っていた。

（『遠ざかるノートル・ダム』、323頁）

パリに留まるということの意味は次のようなものであった。

「もう一つの私の生活の傾斜は、フランスへ向うものであった。大きい変容はそこから来た。私の最初の、そして今も続いている大きい目的は、私の専門の研究であるフランス思想探究を深めることであった。パリへの、またフランスへの憧れという気持は私には全く存在しなかった。深海魚を研究する人がバティスカフに乗って深い海溝へ下って行くように、私はパリへ来たのであった。しかし本当の思想は生活と経験とに根を下している。こうして私はフランスの生活に入らざるを得なかった。それも見物人としてではなく、一外国人としての、しかし生活の資を求めて、また私と一緒にいる子供を養育しながら、生活を営んだのである。そこで私は人なみに苦しんで生活し、愛情を遍歴し、一度はかの地の女と結婚さえした」。

（『三十年という歳月』、「全集5」、315頁）

パリに留まる決意は、また一方で、一種の昂揚感として、次のように記されている。

「一九五二年の、冬のある寒い夜であった。十一時頃だったかと思う。私はサン・ミシェル広場の北東の角にあるオ・デパールの北側のテラスにいた。……寒い風が吹き通っていた。更に右手には、セーヌ河の向う側に、仄かに照明されたノートル・ダムが真暗な空に向ってその二つの角塔に囲まれた正面玄関を高々と立てていた。……

私の中にはただ一つの意志、あるいは願いが燃えていた。私はその時ほど自分の個ということを手に触れるように感じたことはなかった。イデオロギーと、他方、実在するものとそれに触れあう自分の個というもの、そういうものが自分の中でその時渦まいていたようである。……この渦まいている内面自体の中から、自分のかけがえのない個が析出されて来る戦闘の中で、それを妨げる一切のものをイデオロギーと名づけているのである。「個」なぞというものがあるのかどうか。そんなことを考えていたわけではない。ただそれは内面の戦闘、文字通りの戦闘だった。……

やがてその戦闘は終った。その時私が自分の中に感じたものを「個」と名付けるので、それ以外に私にとっては名付けようがないものなのである」。

（『旅の空の下で』、「全集4」、83-84頁　傍点強調は原著者）

これはコピーやファントムの詐術性、欺瞞性を破壊し、ものとの直接的な接触、出会いによる自己確認をしようとするものである。欺瞞性をすべて脱ぎ捨てることは、これまでの自分を破壊し捨て去るということである。しかし、これまでの自己を破壊し、捨て去るということは回避すべき恐怖となる。精神的な危機状況に陥らざるをえず、簡単に取り組めるようなものではないからだ。一方、直接的なものとの出会いと接触は新しい自己の創出となる。このような危機的な出来事を私自身は心理療法や精神分析の臨床の中で体験している。臨床的な観点からすると、これはウィニコット(一九六五)が明らかにしている「偽りの自分《フォールス・セルフ》」から、「本物の自分《トゥルー・セルフ》」を回復していく心のプロセスと同質のものであると言ってよいと思う。この観点から以下に「本物の自分」と「偽りの自分」の問題を検討してみたい。

＊「本物の自己」と「偽りの自己」

この点についての森の変化を辻邦生は、的確に、しかも、もっと違ったかたちで説明している。それは品質の良い外国製品を見事に模造するように、フランスで長い時間をかけて苦悩の歴史の中から生まれてきた思想的な構築物を、その歴史も経ずに見事に模造してしまっている自分に気づいてしまった、ということであったろう。

つまり、「模造品」「偽《にせ》もの」であるということへの気づきである。偽ものはそれがどんなに巧妙であったとしても、また巧妙であればあるほど、本物に近似していればいるほど、ガラスとダイアモンド、水晶とダイアモンドの違いが浮き彫りになる。その偽ものは、本物、真正なauthenticなものに照らすと、いっそう強くその本質が意識されることになる。「真正さ」ということは、今後、森有正が常に意識して生活するキーワードの一つとなるものである。

この模倣性はどこからくるのだろうか。日本全体が欧米の文明的な機器や哲学や文学などを思考の体系としていた。単に個人的なものでなく、家族にも、日本全体の風習にも存在するものであった。そして自分の生きる信念に属する信仰でさえ、模倣に属しているかもしれないと次のように言うのである。

「わたしの中にある信仰に類するものは、私の両親からきている。それ以外の理由はない。だから、それは裏から言えば、私が無信仰の中に生をうけていたなら、今の信仰には決していたらなかったであろう、ということを推測させる」。

（『いかに生きるか』、３頁）

文化的な側面と個人の成育史からくる「転移的」な側面が語られている。ここで転移的というのは、精神分析の言葉であり、なかでも心理療法の治療者と患者・クライエント関係の中で使われる言葉である。個人の過去の重要な人物、ことに母親や父親との関係が、子どもの心の世界に深く影をおとして、印字のように刷り込まれて自分の行動や人間関係に影響を与えて、本来の関係がわからないまま、偽りの自己の感覚に本人が苦しんでいる状態を指している。森もこれを十分に自覚して書いているように見える。

文化的な側面は告発することができても、文化を個人の力で変えることはできない。個人的な行動は変えることはできる。しかし、新しい生き方を行動で示すと、古いものとの出会いによって、内的・外的な葛藤を引き起こすことになる。これが個人の内部で展開すると、それは新しい苦しみとなる。森のこれまでの生き方が真正のものでない、ただ他人の衣装を借りて、それらしく着ていたとすれば、その服を脱ぐほかない。生き方を変え、自分の感覚で感じとるものを中心に、もう一度はじめから組み立て直すしかない。

そのためには、自分の感覚のみを頼りにして生きていける環境であるパリに留まるしかない。森はこう考えた。そうして考えた通りに実行した。しかし、森はそのための準備を何もしていなかった。日本にいる家族のこと、自分の生活を何で支えるか、どう生きていくかという生活面での準備はゼロの状態の中での決断である。この決断は唐突であるように見えた。

森の変化を受け入れる周囲の準備はできていたのだろうか。社会的に見ると画期的な革命的な変化があるわけではない。個人レベルでの変化は珍しがられるだけであって、賛同者もほとんどいない。森は「変わり者」、「珍しい人」というだけだった。森個人の決意は周囲の人々に理解されることはなかった。

森の決意について、辻は次のように述べている。

「それはただヨーロッパの現実に触れ、感覚を通してその歴史と経験に参与することによって、突然、照明されるごとき性格のものである。氏は、そこに、ただ「名辞」（言葉）だけで構築された、骨組みだけの伽藍を見たのである。一見すれば、それは、本当の構築物と非の打ちどころなく相似している。しかしそこには肝心のもの、それなしでは構築物を支える意味も、構築物をつくった意志も、すべて虚しくなるごときもの――つまり「経験」が欠如していた」。

（『森有正―感覚のめざすもの』、83頁）

森はこれについて、次のように言っている。

「僕の先生の一人であるフェルディナン・アルキエ氏は優れたデカルト研究者であるが、かれの『哲学綱要』二巻を見ると、その半ば以上が心理学にさかれている。……哲学といえども、単なる抽象論議ではなく、深く自然に根ざし、思想はそこから出てくることを教えているのである。

……色々な面から僕に恐ろしさを感じさせていたフランス文明の本体が、今は僕自身の内面の問題に転化した。ヨーロッパ文明は到底外側から真似のできるような、また単なる観賞によって学べるような、浅い簡単なものではない。僕は僕自身の道を行きつくすところまで行くほかはないのだ。

そういう考えがはっきりしてから、……僕には、パリの空気の密度が全く変化してしまった。問題が内面化されて、内側が重苦しくなるとともに、外から僕を包むパリの空気は俄かに軽くなった。また、普通のものになってしまった」。

（『バビロンの流れのほとりにて』、154-155頁）

「パリの素顔を見るのにこんなに年月がかかるとは思わなかった。それは僕の目を覆っていた帷がどんなに厚かったか、ということだ」

（同右、156頁）。

これは誠実な表明だった。思慮が足りないとういうことではない。そうではなくて、方法論が本質的に間違っていると言っているのである。これは森一人のことではなく、日本の哲学界、あるいは西欧を模倣しようとしている日本人の行動の本質を言おうとしているのである。森は西欧文化を取り入れようとする日本人の全体的な態度が偽ものであると言うのである。

何ひとつ本物の真正な authentic な「経験」をもたない、実質的な中身のない言葉、つまり「名辞」だけで、そっくりの見事な構築物を作ることができたという自己の能力（そしてそれは日本の特殊な状況が生み出した特異な能力の質にかかわってくる）に対する不快な嫌悪感であった。

「和魂洋才」は、明治時代から今日まで、日本が西欧世界に仲間入りをする方法としてとられたやりかたであった。それはやがて日本的な文化にまで進化してしまった。これは明治時代の問題だけではなかった。日本の歴史創生の古い時代から、日本を覆う大きなテーマである。ここでもその習い性がクローズアップされて示されたということである。「欺瞞性」とは、「名づけられたこと」と、その裏づけとなる「精神」とが「解離」dissociate してしまっている状態である。「解離」というのは精神分析の言葉である。無意識の心の中で、経験にともなう事象の記憶を切り離して、別々のものとして扱う心の操作を記述する言葉である。

名辞としては、あたかも「そのようである」が、それを裏づける経験がない。あるいは意識されないままで解離している。これが日常に頻繁に起こっているのだ。森は多くのフランス人学者より、はるかにものを知り、フランス人以上に豊富な言語的生活をしている。しかし、いわばフランスの魂がない。ある種のマン・オブ・ストロー、案山子《かかし》のような存在でしかない。その悲劇的な存在に気づくことは、存在すること自体の恐怖となる。森は無意識的にその恐怖を感じ取っていた。それがたびたび彼の言う、フランスの地に足を踏み入れることの不安、惧《おそ》れであった。また、パリへ近づく恐怖は、その予感であった。辻はこれを「詐術的な名辞性」と呼んだ。それは精神分析的には、「常態化した解離」の心性だと言うことができる。

森の言う「名所旧跡ではない、名もないパリの街角の美しさ」（『旅の空の下で』、87頁）とは、こうした名所としての単なる名のみの存在を、自己の感覚を通さないで同意してしまうこと。その「名」（名辞）を自分の「感覚」に代用させることからの脱出を比喩的に表現したものである。新鮮な自己の感覚によって出会うのだ、という決意でもある。ここで得られるものに、森はやがて「経験」という名を与えるようになる。

> 「人間がつくった名前と命題とに邪魔されずに、自然そのものが裸で感覚の中に入って来るよろこび、いなそれは『よろこび』以前の純粋状態だ。……自分がまず在ってそれが何かを感覚するのだ、という事態から脱け出さなければならない。充実した感覚こそ、自我というものが析出されて来る根源ではないだろうか。……ものとの、名辞、命題あるいは観念を介さない、直接の、接触を、意味する。その接触そのものの認知を私は経験と呼ぶ」。
>
> （『木々は光を浴びて』、「全集5」、46-47頁　傍点強調は原著者）

＊輸入文化ということ

森の自覚した詐術性は、実は、森個人に象徴された近代日本の詐術性にほかならなかった。

「『名辞（言葉）』がすでに存在していて、そのなかで、かりに生きていたという自覚ほどに……欧化日本の現実の反映であるという自覚ほどに、森有正氏を悲しませたことはなかったにちがいない。氏はパリでそうした『符牒』にすぎなくなった『言葉』に、真に人間の歴史的、伝統的な『経験』をそそぎこもうとした。そしてそれはただ、自分の『経験』が蓄積し、重層し、結晶して、ある疑いようのない『身体的に確実なあるもの』『あらゆる爾後の行動の制約になるもの』となるまで、忍苦して待つほかなかった。それは恣意的、偶然的に生れてくる『体験』と戦い、それを克服することでもあった」。（辻『森有正―感覚のめざすもの』、91-92頁）

「こういう、体験的に成立してくるものに反抗し、したがって最も深い意味で、自分自身に反抗し、促しに従って自己を求めていく」。（『遥かなノートル・ダム』、「全集5」、92頁　傍点強調は原著者）

それは明治以降の日本という「名辞、命題、あるいは観念」のみを介した、真の「経験」の欠落した精神風土の告発を必然的に含むことになる。西洋の文明を「張りぼて」にして着ているというイメージになる。その点では、夏目漱石、森鷗外の姿勢と同質のものが、遅まきながら主題となっているのである。小説家は小説家らしく、哲学者は哲学者らしく、「自己の真正」の経験によって、「真正の自己」を表現することである。フランスで生きるということは、この違いをよりいっそうはっきりと浮彫りにして、自分の育った文化との対比の中で見出していくほかはない。森はそう考えたと思う。

「和魂洋才」と謳われた明治の日本の選択は、辻の言う名辞性を促進し、やがて日本人の心に沁みこんだ文化の次元として定着してしまったのだろうか。明治の世になり、遥かに先を行く異質の文化に出会って圧倒された経験。異質な文明に対する、「まず追いつけ」という日本的な受容のパターンであった。「まず、追いつけ。そして肩を並べて互角になりたい」であった。それは優位な文明の模倣を特徴としている。精神的・思想的なレベルにおいては、「ことば」が輸入された。

日本から出かけて西欧的な「自己」として受けとめた。しかし、「もの」でなく、言葉、つまり考え、思考の内容を輸入することは難しい。西欧的な精神世界を「自己」の経験として受けとめると、内的には深い日本的思考との亀裂や葛藤を体験せざるをえない。その人たちは運命的に悲劇的な生活を選択せざるをえない。明治から今日まで、かなりの人々がこの内的な亀裂で苦しんだ。

小説家としては夏目漱石や森鷗外、永井荷風、森と同世代の遠藤周作など。そして絵画においては、レオナール・フジタ（藤田嗣治）もそのひとりであった。また椎名其二もそのひとりであったと言うことができる。このようなかで、森が影響を受けた高田博厚、また岡本太郎は、欧州も日本も超越した人間としてみることができるかもしれない。この点も後に触れたい。ここでは心が揺さぶられるフジタのことを取り上げてみたい。

＊レオナール・フジタ（藤田嗣治）

レオナール・フジタは戦前（一九一三年）にフランスに渡り、苦労してフジタの「しろ（乳白色）」と浮世絵の「線」を再発見したことで絵画史で知られている人である。それはだれも真似をすることのできないオリジナルなものであった。パリに住んでいる国際的な画家の集団の中で、自己の存在を周囲に知ってもらうため、やや奇異な行動をした。これは計算されたものであった。第二次大戦のため、日本に帰って戦争に協力した絵を描く。それは戦争の中にある人間の「悲惨」と「悲劇性」を描いたものであった。

しかし、日本が戦争に負け、東京裁判が始まると、日本の画壇が彼を戦争協力者として糾弾した。周囲の画家たちは口を閉ざして、すべてをフジタの罪に帰した。自分たちは命令されたから描いたのだと言って、その罪を回避した。戦争中の協力者の画家たちは、ただ時代に強制されて追随したのだと主張した。その中心にいたのがフジタだったので、責任は彼がとるべきだと主張した。周囲のひとたちは、ひたすら罪の意識と処罰の恐怖から逃れようとした。恥知らずの行為の中でおののいたのだった。これが日本の文化、日本人の心の働きであり、一般の日本人の対人行動の典型である。

日本人および日本の国（文化）に対するフジタの絶望は大きかった。誰も自分のやったことに、自分で責任が取れない。それは日本人の習い性だった。日本人の社会的な行動のパターンであった。「責任がとれない」「責任の所在を拡散させて、曖昧にしてしまう」。これはM・ミードの言う「文化の型《カルチュラル・パターン》」であると言ってよいだろう。それは現在でも、本質的に変わりなく存在している日本の文化的な「社会的行動パターン」（H・S・サリヴァン）である。ただ、人の真似をしただけだ。名辞を借りたのだ。したがって責任は名辞を示した人にあるというものである。

これが日本の文化、漂流の文化、着せ替え人形のように自由自在に展開することができる行動パターンである。しかも、自分が同一化したものを、あたかも自分の発見であるかのように語り、行動し、自己の存在理由とするのである。これは「偽りのアイデンティティ」（E・H・エリクソン）と言うことができる。この文化的な詐術性、対象との同一化があらわになった。第二次大戦の敗戦という危機の場であらわになった。戦勝者のアメリカ軍によって糾弾され、処罰されるのだから、何が起こるかわからない恐怖があった。その恐怖から多くの人は逃亡した。そして、自己の経験の真正さ authenticity に根差して絵を描き、生活をしているフジタを絶望させた。

彼はフランスに戻り（一九四九年）、日本の国籍を捨て、フランスの国籍を得る（一九五五年）。そしてフランスの地で、カトリックの洗礼を受け（一九五九年）、信者レオナール・フジタとして、その後を生きた。一九五七年には、フランス政府から彼の絵画の貢献に対して、レジョン・ドヌール勲章シュヴァリエ章を贈られている。日本の人びとに対しては、怒りというより、深い絶望を抱いていたのではなかっただろうか。

＊文化の力

森が到達したのも同質な日本文化の特性であった。名辞性の詐術に陥るのでなく、個人自身の経験を基盤にすることだ、と森ははっきり自覚した。それは夏目漱石についても言えるだろう。また森鷗外、永井荷風にも言えるのではないだろうか。西欧の文化に接して、それをひとつの衣として取り入れるか、または、生き方として自分の血と肉で接するかによって、その様相はまったく違ったものとなる。漱石や鷗外、荷風、フジタにとって、和魂洋才は受け入れることのできない生き方だったのではないだろうか。少なくとも心に深い葛藤があった。しかし、森は漱石、鷗外や荷風を中途半端だと言う。中途半端で妥協していると言う。ドストエフスキーのように、突き抜けていないと言う。

森にとって、幼少期から東京大学の助教授時代にいたる精神形成の多くが、「世界と自然とを前にした直接的な感覚の接触を経ていない教条主義的であるところの、言葉と説明だけからなる思想の構築物によって与えられていた」と辻は言っている（辻、同前、100頁）。森は七歳からの長いフランス語の習得にもかかわらず、また、フランス文学、フランス哲学を生活の糧にして教えていたにもかかわらず、日本において生活する限り、それは自覚することが困難なことである。文化の力にはそれほどの強い圧倒的なものがある。

それは日本全体を覆い、貫いている文化的なテーマであると言うことができる。森の惧《おそ》れ、不安と新しい生き方の自覚は、日本文化との格闘が主題だったと言うこともできる。

「それはもっと根本のところで起った精神の覚醒であった。西欧と日本とが、その過酷なまでの事実性の次元で、まざまざと差異を証明された一瞬、とも言えた。……「精神の運動」を欠落させたままに、単なる移植し翻訳した言葉だけで、プレハブにも似た精神構築物を、明治以降の日本はつくっていたのだという直覚が、一切を照しだしたのであった」。（『森有正―感覚のめざすもの』、102頁）

「その形成をつねに自覚的に把握し、いわば体験的なものへの抵抗として課されたのが『バビロンの流れのほとりにて』に属する一連の著作であった。……不透明なものを純化する過程の記録というよりも、透明化の手がかりとして、書く行為が生活の中心に位置しつづけた」。（『森有正―感覚のめざすもの』、105頁）

森は書くことによって、言葉として、自分の感覚を研ぎ澄ましていった。それは生活の苦しみを超えたものであった。また、あらゆる社会的な不利な状況を超えたものだった。さらに、意図的ではなかったが、家族を捨てねばならないほど、そして家族から見捨てられるほど、これらのことは意識的な関心の枠の中に入らなかったと言うことができる。森にとっては、それほど切羽詰まった深刻な主題であった。それは神の召命によってアブラハムが召し出されたように、森はパリに留まるように命じられたのだと私は思う。森は現実的なさまざまのものを一切顧みず、パリに留まることを決めてしまった。現実生活やそれにまつわる多くの社会的なことがら、つまり、大学のこと、家族の維持のこと、多くの人たちとの関係など、すべてを無視した。

本章の初出論文

鑪　幹八郎（二〇〇三）:「自己分析の可能性―森有正の経験へのこだわり―」臨床心理研究―京都文教大学心理臨床センター紀要、第5号、1-13.

鑪　幹八郎（二〇一二）：「西欧的自我と『自己』との出会い：森有正研究13」　臨床心理研究—京都文教大学心理臨床センター紀要、第14号、7-14.

参考文献

Erikson, E. H. (1964): *Insight and responsibility*. New York, NY: W. W. Newton.（鑪　幹八郎（訳）（二〇一六）：『洞察と責任』誠信書房（新訳））

Mead, M. (1943): *Cultural pattern*. New York, NY: W. W. Norton.（米山俊直（訳）（二〇〇八）：『文化の型』講談社学術文庫　講談社）

Sullivan, H. S. (1954): *Interpersonal theory of psychiatry*. New York: NY: W. W. Norton.（中井久夫・宮崎隆吉・高木敬三・鑪　幹八郎（訳）（一九九〇）『精神医学は対人関係論である』みすず書房）

Winnicott, D. W. (1965): *The maturational processes and the facilitating environment*. New York, NY: International University Press.（牛島定信（訳）（一九七七）：『情緒発達の精神分析理論』誠信書房）

近藤史人（二〇〇二）：『藤田嗣治「異邦人」の生涯』講談社文庫　講談社

近藤史人（二〇〇五）：『藤田嗣治『巴里の横顔、腕一本』』講談社文芸文庫　講談社

辻　邦生（一九八〇）：『森有正—感覚のめざすもの』筑摩書房

富田芳和（二〇一八）『なぜ日本はフジタを捨てたのか？』静人舎

中野孝次（一九九四）：『生きることと読むことと』講談社現代新書　講談社

森　有正（一九五七）：『バビロンの流れのほとりにて』筑摩書房

森　有正（一九七四）：『旅の空の下で』筑摩書房

森　有正（一九七六）：『いかに生きるか』（伊藤勝彦編）講談社学術文庫　講談社

森　有正（二〇〇二）：『森有正全集14』筑摩書房

第三章

『バビロンの流れのほとりにて』とアイデンティティ

＊エッセーの意味

森はフランスに到着してから、日記をつけていた。一九五三年五月一八日から、死の直前までの日記が公開されている。編集者によって、かなり編集されている。特に、交流した人の名前などは伏せられている。森がパリに到着した一九五〇年九月から一九五四年までの三年半については、公開されていない。この時期には日記は書かれていなかったのか、破棄されたのかはわからない。

この日記は森の思索を展開するものであった。ことに森がフランスに到着して、フランスの各地や周辺の欧州の場所を精力的に歩いて、そのメモとして、書き始めたように思われる。その文章が土台となって、この『バビロンの流れのほとりにて』になった。

『バビロンの流れのほとりにて』は一九五七年に公表された。密度の濃いエッセーであった。これまでこんなエッセーが日本で書かれたことがあっただろうか。エッセーが随筆と訳され、『徒然草』からの伝統によって、「こころに浮かんだことを思いつくままに書く」スタイルを考えると、森の書くものはまったく違っている。これはモンテーニュの『エッセー』(「随想録」と訳されている)以降、フランスの伝統である哲学の流れを汲む、内的な展開を随時「小論文的」的に表現するという深刻な企てであった。

この点について森は、次のように述べている(一九五六年四月一日の日付がある)。

「モンテーニュの『エセー』においては、この経験の循環が、モンテーニュ個人の過去を遥かにこえて、そこに西欧そのものの人間経験がゆるやかに循環し、醗酵をつづけている。モラリストを通って、マルセル・プルーストに到るまで、この過程は休みなく続いている。リールケの感覚の病的なまでの尖鋭化、その内省の異常な深まり、その徹底的エゴイズムは、こういうヨーロッパ文明に対する逆説的現象としてはじめて理解できる。しかしかれはとにかく耐え終せた」。

（『バビロンの流れのほとりにて』、96頁）

この森の文章のスタイルを、二宮正之は、「エッセー」と定義づけた。そして二宮が編集した森の著作集を『森有正エッセー集成』（全5巻、ちくま学芸文庫版）と名づけている。二宮は森の著作スタイルを「エッセー」と呼ぶ理由について次のように述べている。

「日本では、エッセーを随筆、漫筆、随想などと同じようにみなしているが、森有正は、この表現に、フランス語での原義「ためす、こころみる」にもとづいて、いや実はそれ以上におしすすめて、独自の強い意味を託して用いている。感覚のとらえるものによって引き起こされる内部の響きをそっくり受け止め、既存の言葉や概念にとらわれず、真の思想に至る道を進むこと。森有正のエッセーとは、全人格を投入したこのような精神と肉体の「こころみ＝エッセー」をさす。それは、忍耐強く一歩ごとに近似値を見いだして徐々に「真理」に迫ってゆく、持続的な一貫した行為の表現なのである。

（「森有正エッセー集成1」、562－563頁）

＊森の覚醒

パリに来るまで、東大時代の森の執筆のスタイル、文体は、「〇〇について解説する」というものであった。その解説に、個人的な思いを込めて書いていくことに人気があった。しかも、隅々まで水漏れのないような解説なので、読者は安心感を高めた。これには聡明さがついて回っていた。「聡明で物知りの森が書く文章」という印象が強かった。そして多くの人は森を知識の源泉として、森の文章に安心してついていった。

パリに住んで、「〇〇について」の解説文は意味がないことにはっきりと気づいた。それは森が「不安」「怖れ」として、何度も予感していたことであった。フランスにいて、フランスのことを語ってもあまり意味はない。所詮フランス人にはかなわない。「フランス人に伝えることではないからいいではないか。日本人に伝えることであるから」という言い訳はできるかもしれない。

しかし、パリでそれをやらねばならないのか。新聞社の特派員なら意味があるかもしれない。しかし、哲学者の仕事ではないだろう。それをすることは自分が道化になってしまうことになる。それはあまりにもみじめだ。「そのためにわざわざパリに来たわけではない」「そのためにパリに住んでいるわけではない」「私は日本で今まで何をやってきたのか」。これが森の苦悩だった。

モンテーニュ、デカルト、パスカル、アランなど、フランスの哲学者たちは自己の思想をどのように表現してきたのか。その思考の場と表現方法は、エッセーではなかったか。それは「試みの中で展開する思考」ではないのか。フランスの哲学の伝統的な手法が、このエッセーをスタイルとして持っている真正さ《オーセンティシティ》authenticityとは、自己の経験に根差して、自己の言葉によって表現していくということである。これこそ、自己の思想を、生成過程を含めて、多くの人に伝えることではないか。しかも、それは長年、森が親しんできたフランスの哲学者たちの手法だった。森が長年親しんできたデカルトには膨大な『書簡集』がある。また、森が学位論文にしようとしたパスカルには『パンセ』(瞑想録)がある。ベルグソンの『書簡集』もある。モンテーニュには『随想録』(エッセー)がある。森にとってはなじみ深いものばかりである。デカルトが書簡を出している行為それ自体が哲学することであった。パスカルがパンセ(瞑想)することそれ自体が哲学することであった。ベルグソンがエッセーを書き、手紙を書く行為自体が哲学することであった。そしてまたモンテーニュが「エッセー」を書いていくことが哲学することであった。つまり、哲学とは生活とその中から生まれていく思想なのである。

しかし、森はまだ気づいていなかった。森や多くの日本のフランス哲学界が問題にしていたのは、フランスの哲学者の仕事から得られた果実としての思想内容について理解することであった。それについて理解したものを解説し、他の哲学者と比較して、特徴を考察していくことであった。その哲学の思考の果実が、どこで種をまかれ、どのように育ち、結実し、稔っていったかという「創造のプロセス」は問題ではなかった。言葉を生む創造的な哲学者であることと、哲学の解説者との混同であったということができるかもしれない。森はパリに来て、生産されている思考の現場がどこにあるかに気づかされたのである。これらのことについて予感し、また怖れてはいたが、これは突然舞台の幕が切って落とされて、別の舞台が現れたような驚きと惧《おそ》れの体験であっただろう。森のこれからの人生をまったく変えるほどのものであった。

前にも述べたように、エッセーはフランス語で、二宮が言うように、「試す」「こころみる」ことだ。自分が自分の経験を言葉にすることを「こころみる」のだ。それ自体が哲学者の仕事、思想の創造的生成の仕事なのである。創造の現場に立ち会っているということである。人が生産したものを解説することではない、という自覚に森が到達したのだと私は思う。森はこのフランスの伝統の中で、『バビロンの流れのほとりにて』を発表したのだった。これが森のエッセーなのである。二宮正之が編集した『森有正エッセー集成』（全5巻、筑摩書房、一九九九年）の「エッセー」は、このような意味をもっている。このことは前に述べた。

森はパリに滞在する理由をどのように述べているのだろうか。パリに着いてからの初めての本格的な著書には、その理由が述べられているはずである。実際に述べられている。この本を予感させるのが、森の「不安体験」である。このことはすでにこれまで取り上げた。森はいろいろのところで、フランスに来ること、パリに来ることの不安、恐怖について語っている。それは森が新しい経験の世界に入っていくかもしれない予感でもあった。また、それはこれまでの自分の人生の舵を大きく方向替えすることを意味している。並大抵のことではなかっただろう。

*変化の動機、「不安・恐怖体験」とデソラシオン・コンソラシオン

この本には、マルセイユの守護、ノートル・ダム・ドゥ・ラ・ギャルド教会での出来事の記述がある。それは森が三年前、日本から船で初めてマルセイユに着いたときの感想である。これは「恐怖の体験」として述べられている。森は、「何か恐ろしいもの」がこの先に待っているという予期不安の恐怖を語っている。このまま日本に帰った方がいいのではないか。途方もないことが起こるかもしれない。「パリには僕にとって何かどうにもならない、密度の高い、硬質のものがある、という感じだった。そしてパリの方は僕を全然知りもしないし、必要としていないのだという感じだった」(『バビロンの流れのほとりにて』、28頁)。

森はたびたび旅をしたが、フィレンツェに滞在したとき(一〇月一八日の日付)、そこでの感想も森らしい特徴が示されている。「過去において不正直であったこと、外側だけでつじつまを合せてきたこと、このことくらい自己の成長を害し、痛ましく心を噛むことはない」(『バビロンの流れのほとりにて』、28頁)。これは第二章で扱った辻邦生の言う名辞性とその「欺瞞性」を意味している。

これを森は、次のように語っている。

> 「僕にとって重要なのは、……悟りとか何とかいうことではなく、人間が虚しく、あるいは無心になって、それを透きとおして自然が見えるようになる時、僕が感ずる一つの感情、DÉSOLATION と CONSOLATION とが一つのものとして感ぜられるあの感情、あるいは感覚、と言った方が適当なのかも知れないが、そういう感情のこと」である。
>
> (『バビロンの流れのほとりにて』、6頁)

森の言うデソラシオンとコンソラシオンは日本語では何と訳したらよいだろうか。デソラシオンは「悲しみ」「侘しさ」「惨めさ」「荒涼とした感じ」といったものである。これに対してコンソラシオンは「慰め」「悲しみを慰める」ということである。これが混ざり合った心境を表現したいという。森にとってはフランス語でないとぴったりとした実感のもてない言葉なのだろう。この感情はいつも森の基調をなして時々森を襲ってくる感情であった。しかし、そのように書かれると、フランス語に親しんでいる人以外は、わかったようで実感としてはわかりにくい。

そしてまた、『僕は僕のヴェリテに従ってのみ自分の思考と行動とを規律しよう。それに反することは一切しないことを決意する』という言葉を発している。ヴェリテとは、「真実」「自己の実相」と言ってよい。強い言葉だ。森は何より自分に対する決意を表明することが必要だったのだろう。この断言的な決意の言葉が四〇歳を過ぎた人から発せられていることに、やや違和感がある。これは青年期の人の言葉に近い。しかし、森には新鮮で、新しい世界への入口になった。

＊内的な変化

『バビロンの流れのほとりにて』の特徴として、次のようなことがあげられる。

①　美しい文章が綴られている。
②　自己の内面的な経験について語ろうとしている。
③　自分の思い込みでなく、客観的な手法で記述している。
④　理想と現実との対比を意識して書かれている。
⑤　真正な自己《オーセンティック・セルフ》から、ものをとらえるのだという宣言がなされている。

森は「自分の内的な変化が起こった」ということについて、次のように言っている。

「自分が変る、そんなことがありうるだろうか。僕は今しがた僕の経験の全集積が変容したと言ったが、それは自分に対する意味が変るので、自分そのものが変化するということとは違うようだ。文明と自分。もし自分が、文明の方が求めるものでなかったら、僕はどんなに苦しんでも文明に参与することはできないのだ。……僕はこの文明からかえりみられず、その中から棄てさられる運命の可能性を考え、覚悟した上でなければ、この文明と接触することはできないのだ。……文明というのは人間の生きる高い道で、外部から見物したり、利用したりすることができるものではないのだ。それは一種の恋愛関係だ。文明を自分のものとし、同時に自分も文明のものになるということだ」。

（『バビロンの流れのほとりにて』、16頁）

ここでは人間関係の本質的なことを述べている。人と人とが影響し合うかかわりは、一方的ではなく、互いにかかわり合う。そして影響し合う。また文化も、その国に住むということは、影響され、また同時に影響するとエリクソンの言う相互性《ミューチュアリティ》（『洞察と責任』）を経験しているということである。受け身的で一方向的だったのが、双方向的・相互的になっていく動きは注目に値する。日本の東京の文化とフランスのパリの文化、対人関係の在り方には、質的な大きな違いがある。それは対人関係と社会関係によく示されている。そして森が達したところは、「関わりの創造性」と言ってよいようなものであった。

「一人の人間が、その人の魂で素直に自然と照応する時、そこに他の誰も絶対に真似をすることのできない創造が生れるのだ」。

（『バビロンの流れのほとりにて』、20頁）

この新しい発見は、森が自己の創造性ということを洞察した瞬間であった。森は自分の行動や、パリで生活し自分の魂のレベルでかかわることは創造的な世界に参加するために必要不可欠だ、ということを発見した。そしてこの道を歩く以外にないのだ、という確信を得た。頭で理解し、それを言葉で表現するという性質とはまったく違うもの。生活していくなかで、自分を開き、かかわり、交わり、その実感を掘り下げ、魂のレベルに達していけば、それが創造なのだ、と言うことである。それはパリで生活することによって、初めて発見したまったく新しい生活の地平であった。既成概念によって、ものを確認するのでなく、自分のもっとも「新鮮な感覚」に映るものを受け取り、それによって表現していくと言うことである。

森がヨーロッパの国々を回った多くの旅についても、見方がまったく変わった。

このようにみると、森自身の行動の示すところは、精神分析のプロセスときわめて似ていることに驚かされる。これは私にとって新しい発見であった。

「……到るところの自然、美術品、寺院を見てあるいた。新しい感覚は自分を豊かにするものだと考えていた。だからやたらに旅行し、ミュゼを見、新しいものを喜んだ。しかしその底からいつも同じ自分がすけて見えてきた時、僕の感動は質が変らざるをえなかった。……それは対象を次々にかえることではなく、自分が変化し、深まることが必要なのだということである」。

（『バビロンの流れのほとりにて』、56頁）

＊パリに立ち留まる理由

パリに滞在し始めて八年、一九五八年一二月一〇日の日記の中に、パリに立ち留まる理由について、次のような記述を残している。

「今日は水曜日で講義のない日なので、ゆっくりしたくつろいだ気分がする。きのうユネスコのC氏に手紙と約束のテキストを送り、いろいろな支払いをすましてほっとした。異郷で仕事をするためには、どれだけの血税を払わなければならないことだろう。それが始めからはっきり判っていたら、とても長く留まる決心をすることができなかったかもしれない。ここに留まる本当の決心をしたのは一九五二年の早春のある日だった」。

（「全集13」、56頁）

このようにはっきり述べている。それはパリに到着して一年半後のことになる。その理由とは何だったのだろうか。森は次のように述べている。

「ある決定的な手紙を書いて日本へ出してから、僕は名状することのできない心の状態で、憑かれたように、宵の口から歩きまわり、夜が更けてから、グラン・オーギュストのケーをポン・ヌフの方からサン・ミッシェルの橋の袂まで来た。……ある解放感があった。しかし、貴重な、それよりももっと強く、ある、形容できない、現実のパリに結びついた感覚と、ある漠然としているが物凄い恐怖感だった。懐郷的な気分は全くなかった。恐怖は、自分が存在しているかどうかについての戦慄に充ちた予感だった。……常識的な僕は解体し、二つの憧れ（日本とパリ）と恐れとを帯びた感覚の渦巻く一つの流れに、巨大な解体が圧倒的に作用しつづけていた。……ばらばらに砕けた自分の破片をつなぎ合わせて、糊で張り付けて外界を保つことは、もう全く問題ではなかった。……自分は破れるばかりだ。しかし、断片をよせ集めるのがもう問題でないとすれば……」。

（「全集13」、56頁）

この恐怖感は常識的な自分の解体である。それはものをかき集めて自分をつくり、また自分の断片をつなぎ合わせ、張り子の自分をつくり上げることではない。

「人間として直接的に大切なことは、単に人のしたことを学ぶことではなく、自己の存在の中心に基礎をおく感動をもつことであり、その感動の激しさは時に既存文明破壊の形をとることもありうる」。

（『城門のかたわらにて』、36頁）

「……これが美だと思って喜んで眺めていることと、美に生きること、自己の中の経験がゆるやかに結晶し、外部にまで形態や色彩によって溢れ出るのとは、本当に全く、別のことである」。

（同右、64頁）

「外からでき上ったものの形骸なぞ持って来てもどうなるものではない」。

（同右、65頁）

『バビロンの流れのほとりにて』には、「強い」言葉が多く出てくる。「……しなければならない」「……するべきである」「……一切かかわってはならない」など。理想とするものに向かって、ひたすら向かおうという印象を受ける。やや悲壮感が漂っている。

この中には、「既成の自己」の解体と「新しい感覚」の獲得が語られている。自己の解体が恐怖をもって感じられることは当然のことであろう。ここで森は大きな転機を経験した。また、これまでの「張り子」の自己が解体する恐怖を体験している。それは森の精神をゆるがす恐ろしい体験であった。森はこれを美の体験を喩えにして述べている。

「美は一つの絶対的な定義であり、それは他のものを外から見ることではなく、内面の経験が結晶することであり、その結晶は他を破壊しても進むほかないであろう。……これが美だと思って喜んで眺めていることと、美に生きること、自己の中の経験がゆるやかに結晶し、外部にまで形態や色彩によって溢れ出るのとは、本当

に全く、別のことである」。（同右、64頁）

「僕は本当にはっきり言うが、ヨーロッパに来たことによって、そこから早急に立ち去らなかったことによって、こういうことがこういう形で、やっと可能になったのだと思う」。（同右、84頁）

これらの言葉はエリクソンの言う、「自己のアイデンティティを求める」という厳しい精神的な戦いのように聞こえる。このような意識的な取り組みは、森にとっては初めてのものではないだろうか。「自分がない」という自覚と「本当の真正の自己」を求めて、それを「まぎれもない自分」として実感したいという欲望なのである。これは森が長い人生の中で、初めて体験するような新しい道であった。

＊森の内的な動揺・ヌミノース体験

森の心の内的な生活の厳しさには一種の神秘的体験というような、精神的苦悩があった。神秘的体験とは、突然に起こる独特な体験であり、幻覚をともなうような強烈な体験として、解離的な状態で体験されることが多い。神秘的体験の後では、普段の日常的な生活体験に戻ることが多い。この神秘的体験は一瞬の解離的な体験である点が、統合失調症などに見られる持続的な非現実的体験と違っている。このような体験はこれまで宗教儀式や宗教の信者の中に多く観察されていて記述されることが多かった。

森は夢と同時に幻想的な神秘的体験をしばしばしており、日記に記述している。ここで森のこれらの幻想的な体験を取り上げたい。森の内的生活の厳しさがひしひしと伝わってくるものが多い。

資料として扱ったものは次の通りである。主に森有正全集第12、13巻の日記、および『バビロンの流れのほとりにて』に従った。その中から、神秘的体験と思われる記述を取り出した。以下に記されている四つの体験を取り上げる。それは次の通りである。一九五六年三月二四日、一九五七年六月二七日、一九六二年八月一五日①、一九六二年八月一五日②に記されている。

＊＊神秘的体験１〈成層圏から見る青い日本の幻想〉（一九五六年三月二四日　パリ）

「（昨年の）五月頃だったと思う。ある曇った日の午後、僕は自分の部屋で、机に向っていた。何かを書いていたのか、あるいは読書をしていたのか、はっきりした記憶がない。ただそれはかなり厚く曇った暗い日だったことを覚えている。カーテンを半分引いてあったので、部屋の中は一層暗かった。

その時僕は、何のきっかけか、日本のことをぼんやり考えはじめた。突然、僕の意識の中に、青い空間が感ぜられた。それは飛行機の上から下の方に見える、深く深く青い、しかし小さく激しい空間だった。日本には飛行機で行くことになっていたので、それから連想的に、高い空中から下に青い空間を想ったことはたしかだ。それから僕は航空機に関する記事が好きで、その中で成層圏より上へゆくと、上も下もすべて深い等質の青い空間になってしまう、というのを読んで、強い印象を受けたことがあるのも、こういう意識をおこす原因の一つになっていたかも知れない。それは青い空間というより、青い、光に充ちた、一つのかたまり、と言った方がいいかも知れない。しかしそれは僕にとって、実に美しいまた激しい印象だった。

僕の意識の中に、本当に、日本が入って来たのはこれがはじめてである、と断言することができる。僕はその時、この小さい輝く青い空間が、これから僕の中で発酵しはじめ、無限に複雑に分化し、自己分析を起しはじめ、拡大しはじめ、それが現実の日本の姿にぴったりと重なり合うところまで進むだろう、ということを直感した。そして僕は、日本を愛していること、愛し得ることを深く意識した。夢、と人はいうかもしれないし、空想、というかもしれない。しかしそれは夢でも、空想でもない。僕は抽象的、と言いたい。それは隅々まで、僕の情意を帯びた抽象図形だ。

僕は瞬間に、五年前に、美術史のY氏がこのパリで見せてくれたマネシエの『愛苦と復活』の石版刷り六枚を想い出した。それは、あらゆる現実の形態を可能的に含む、しかし純粋な情感が隅々まで、たえず循環している構図だった。それは現代的なアニミスムといってもよい。アームがのこる隈なく浸透しているこの空間と抽象的構図とは、不思議にも、あるいは当然にも、意識の原始状態を想い起させる。もちろん僕の経験が、そういう状態と同一だというのではないし、またそういう権利もない。ただ僕は、それが瞬間、マネシエの、あの不思議な色彩の渦巻きを、想い出させた、という事実をここに言うだけだ」。

（『バビロンの流れのほとりにて』、118-120頁 傍点強調は原著者）

これに対する森有正の連想は次の通りである。

「昨年（注：一九五六年）の七月から十一月中旬まで、三ヵ月半東京へ帰ったことは、僕の中に徐々に成熟しつつあった変化の一つの中心をなす出来ごとであった。この東京行の具体的な理由は一切書く必要はない。それが僕に対してもつ「意味」だけが重要なのだから。一度東京へ帰ることは僕にとってかねてからの懸案であった。それは世間的な理由とは別の理由があったことはむろんで、それがなければ僕は東京へ帰らなかったかもしれない。

（『バビロンの流れのほとりにて』、28頁）

これはたいへん特徴的な記述である。世間的なものによって動かされているにもかかわらず、それを否定し、意味を探ろうとする森有正の姿勢が見られる。世間的なものの否定は周囲の人からは無責任、わがままという印象を与えることになっていただろう。これは彼に終生ついてまわる行動の基本的パターンであった（注：第七章、特に「森の対人関係の三層構造」を参照のこと）。

この神秘的体験は一九五六年の経験である。森が「日本に帰らぬ決意」をして、すでに四年（その前に二年が経過しているので計六年）経っている。しかもこの時期は、日本での職のこと、結婚生活のこと、家族の扶養のことなど俗世のことで、彼が回避することのできない問題が存在した。それらの解決を先延ばしにすることができなくなった時期に当たっている。「日本」という意識の侵入は、森有正がパリの生活の中で不断に感じていたものであった。

しかし、これまでは日本は帰りたくない場所として、拒否の対象として意識されてきた。あの神秘的体験は、森が日本への回帰を自分に容認し、積極的なつながりとして肯定した瞬間であったのではないだろうか。これまでの五年間、パリでの生活と定着から、日本を「拒否の対象」、「否定の対象」としてではなく、夏目漱石の言う「自己本位」に立ち、日本を相対的にとらえるとともに、自分が生まれた国として受け入れるようになった瞬間であった。美しい日本が「僕の意識の中に、本当に、日本が入ってきたのははじめてである」と強調しているのは、そのような内的な変化を示しているだろう。

相対的にものをとらえるということは、知覚的にみると、対象となるものが縮小したイメージ、俯瞰的なイメージとして映像化されることが少なくない。ここで記述されている森の神秘的体験は、この点からみて十分に納得がいく。森有正が内的に大きな転回をする直前の心の状態を象徴する具体的な出来事が、このヌミノース的神秘体験であっただろうと思われる。

これはフランスに渡航後、初めて日本に飛び立つ二か月前のことであった。まだ、日本への思いが統合されて、相対化される前の葛藤解決の最後の苦しみの過程の中にあったと見ることができる。帰国には内的・外的に大きな決断が必要であった。この体験の二か月後に森有正は日本に帰った。

一九五〇年から六年のパリ滞在をした後、初めての日本への帰国だった。森有正は多くの知人に会い、家族を別にすると、彼の予想に反して多くの人から歓迎された。また、いくつかの雑誌で知人の学者たちと対談もしている。森が『バビロンの流れのほとりにて』を出版するのもこの時期と一致している。これは直前の神秘的体験の苦しみを否認してしまう経験にはならなかっただろうか。

　森有正は深いところで罪意識を抱いて日本に帰国したと想像することができる。しかし、森有正への歓迎は彼の期待と反対のものであった。旧友や同窓や後輩の暖かい歓迎や対談などの友好的な催しは、森有正の日本からの出立とフランス滞在によって生み出された混乱や困難点を帳消しにしてしまう経験であった。森の過去の出来事を簡単に忘れたり、許したり、曖昧にしてしまうのは、きわめて日本的なやり方である。しかし、ここでは森のパリ滞在の決心に代表されるような「覚醒」の経験は、性質の違う、忘れようにも忘れることのできないものであった。

　これらの歓迎は、はじめは森有正にとって戸惑いだったろう。しかし、やがて森有正自身も、この日本的な曖昧性（注：「アモルファス性」、鑪、二〇〇五）に慣れ、彼の持つ本来の対人関係的な日本的曖昧性や「人恋しさ」が表面に出てくる。この「居心地のよさ」が森有正を一層苦しめることになったと思われる。森有正は意識的な生活において、西欧の近代的自我を中心として生きていこうと決意している。そのためにすべてを犠牲にしてパリに居続けた。しかし、日本に帰ると、この意識的生活は「居心地のよさ」によって破壊されそうになる。つまり、森有正は意識的・意思的生活と無意識的生活にさらに深く引き裂かれていかざるをえなくなるのである。ここから予想されることは、森有正の葛藤はさらに悲痛なものになり、さらに神秘的体験や狂気に近い体験を重ねなければならなくなるだろう。

＊＊神秘的体験2〈存在の中核が脈動する幻想〉（一九五七年六月二七日（木））

「昨日僕は、今までに嘗つて感じなかったほど強く孤独を感じた。昨夜寝床に入ってからも、朝まで終夜眠ることができなかった。そして自分の中に、フランスどころではない、学校も東京も突き抜けた、遥か過去の黄昏の中に去ったと思っていた、自分の存在の中核が、何の意味をつけようもなく、かなしく脈動するのを感じていた。不幸の中に生き続けた祖母、病苦になやんでいた父、またそれを看護していた影のような母、この三つの細い流れ、それがからみ合い、もつれ、ほぐれ、再びからみ合い、異様な対位法を成しながら、僕の心の中を流れた。僕の心の中のその流れが堪えきれないほど鮮明になり、それが僕の心そのものなのか、それとは外に僕の心が存在するのか、判らないほどになった。しかしそれはやはり、僕の心そのものとは別のものだった。それは僕の心を養った最初の悲しみにみちた、しかし僕にとってかけ替えのない糧だった。最初の糧であるが故に、僕の存在そのものと分つことができないほど深く、それに定着しているのだ」。

（『バビロンの流れのほとりにて』、192-193頁　傍点強調は引用者）

＊＊孤独とそれを支える経験

神秘的体験1のような出来事や、その後日本への旅と予想外の歓迎を受け、森有正はパリに帰った。すでに考察したように、それで内的な問題が解決したのではなかった。むしろ、葛藤はさらに深まったと思われる。今度は深い葛藤を持ちながら、さらに自己と対決することに迫られる。

「なぜ、パリに留まるか」というのは、心の問いであると同時に、現実的に経済的にも困難な状況を克服しなければならない難しい問題でもあった。このような中で、第二の神秘的体験が起こる。この中で、「嘗つて感じなかったほど強い」孤独を支えるものとして祖母＝祖父、父、母を具体的にイメージするのである。このような孤独感は、自己の内部の「確かなもの」によって支えられるほかない。この「確かなもの」が存在しない場合は、「死」の方向へ大きく傾斜することが考えられる。幸い、森有正の場合には「悲しみに満ちた」三人の家族を具体的にイメージ化することができた。

われわれが内的な苦難や耐え難い葛藤を抱くとき、われわれを支える内的な経験は「父母像」であり、さらに身近な「家族の人々の像」であろう。森有正のこれらの一連の連想は見事である。これらの連想には、森有正の中にある力強い生命力を感じさせる。森有正はこのようにして「家族の樹」family tree をたどっていく。これらは精神分析的意味における一種の自己分析的体験だと言うことができるだろう。

＊＊音楽体験

この体験は音楽の体験に似ていないだろうか。祖母、父、母とが混沌として一体になって川のように流れている。森はオルガンを弾き、バッハの曲の演奏を特に愛していた。また、「僕の心そのものとは別のものであった」と言うように、この経験は自我違和的なものであった。音楽、ことにバッハは彼の苦悩を癒す、もっとも大きな力であった。バッハのパルティータ（クラヴィーア練習曲集）は、彼がもっとも大事にした曲目で、オルガンで弾く彼は世界の中心に存在する感覚を味わっていたのではないだろうか。森有正の演奏はCD化されて残されている。

＊＊神秘的体験3〈時限爆弾の幻想〉（一九六二年八月一五日　パリ、聖母昇天祭の日）

この日は日本の敗戦記念日でもある。このことを日記の冒頭に「戦争は、日本では一九四五年八月一五日に終わった」と記している。日本では、もう七、八年前から、戦後も終焉したと言われてきたのだが、自分にとっては、「今日になって〈戦争〉が終わりを告げたのである」と述べている。この覚醒はまるで思いがけない来訪者のように、目に見え、手に触れることのできるもののようであった。以下の記述は森有正の内面の厳しい状態を示している。

「突如として、僕は感じたのである。あたかも、驚きに見開かれた目の前に、実際に映し出されているかのごとく、二十年間の悪夢と、錯乱と、狂気とが、ありありと繰り拡げられたのだ。それと同時に、僕は、鎮まり返ったひとつの明晰さへ激しい勢いで引き戻されるのを感じた。そして、一人の人間にとって、この場合には特に僕自身にとって、戦争が（ということは、平和がという意味でもあるが）いかなる意義を持つのかを、新しい展望のもとに考え始めた。

……

僕は、時限爆弾が遂に破裂したとでもいうように、今になって、その言語に絶する残酷さを感じ始めたのだ。《非常時体制》、疎開、空襲、敗戦、戦後の熱にうかされたような占領期間、「方舟」、平和運動、そして自分一個について言えば、文学部への任命、法をはずれた彷徨、パリでの生活、……と数限りもない出来事が次々に起きた。しかし、それは凡て、一つの悪夢でしかなかったのだ……。そして恐しいことには、僕自身が、実際にあった僕自身が、この悪夢の戦争というこの狂乱の中核であったのだ。それればかりでない。僕は、狂気そのものだったのである」。

（「全集13」、150-151頁　傍点強調は原著者）

＊＊森の連想

この神秘的体験に対して、強く激しい情動的な連想が切れ目なく続いている。

「この文章を書いている、今、この瞬間にも、僕は、歩みを止め、絶望的な努力をして、この狂気に再び落ち込むことを、辛うじて避ける。それは、恐怖に怯えている僕の眼前に、突然、顕われ、剝き出しに示されて、身を焼く苛酷さと、仮借なき裸形との凡てを繰り拡げて、更に新たに、二倍にも三倍にもなった魔力をもって、僕を呪縛しようとする。僕の心の内では、今、後悔などという表現ではとても言い尽せない、複雑な感情が渦巻いている。人は、ひとつの狂気に捉えられている限り、決して、狂気を狂気として、自らの狂気として、認めようとしない。それは当然である。しかし、それはまた、何と恐しいことであろう。僕を捉えていた狂気は、既に、一九三二年か三三年（注：森有正の大学時代、二二歳頃に当たる）に、僕のうちに腰をすえたらしい。そうとすれば、三十年の歳月が流れたことになる……。僕は、三十年間の捕囚の後、やっと解放されたとも言える。

こうしてみると、僕にとって戦後は始まったばかりなのである。しかし、とにもかくにも、戦争とその狂気が終焉したことは確かである。……ひとつの狂気から解放されると言っても、具体的にはそれはどういうことなのか。それは、こういうことである。何物かが、一挙に僕から退いて行き、明晰さに引き戻された僕が、ここに、こうしているということだ」。

（「全集13」、151-152頁　傍点強調は原著者）

＊＊『聞け、わだつみの声』の編集

森は結核のために、大学時代にも病（結核）に臥せっていた。したがって、やむなくではあったが、徴兵もなかった。大学の研究室で哲学書を読んでいたらしい。それもどちらかというと、社会的な喧騒に惑わされないで、デカルト、パスカルなど、フランス哲学を中心に知的に哲学研究に打ち込んでいた。一方、周囲の人が戦地に出て行くなかで、自分は戦争に直接に参加できないことに、一種の「ひけ目感」「悔恨の情」を持っていたのではないだろうか。

戦後、学徒動員で死んでいった学生たちの遺書『聞け、わだつみの声』の編集に携わった（注：編集者の一人として森は名を出していない。しかし、編集に携わったことはたびたび語っている）。これは彼のひけ目感や悔恨の念を背景にすると理解しやすい。森は、この時代が「狂気の世界」に属しているというとらえ方をしている。

戦中・戦後の生活、そしてフランスへ。パリでの苦しみに満ちた生活体験などが一気に爆発的に迫ってくる独特の激しい体験は、内的な狂気と表現するしかないものだっただろう。

＊＊自己の統合性が失調する体験的過程

この神秘的体験を森有正は「狂気」としてとらえている。それを記述することができるほど、統合性と自我の強さは保たれているので、病的というよりやはり神秘的な体験として理解するのが適切ではないだろうか。これらの体験は自己の統合を失うような厳しいものであった。

森有正はこのような狂気は、今に始まったものではなく一九三三年ごろ、つまり、中国を巻き込んだ戦争時代から始まっていると言う。その時代は森有正にとって大学生時代を意味する。大学生時代の森有正は結核で転地療養を必要とするようなたいへんな時期であった。そのためにやがて、『聞け、わだつみの声』に当事者としては参加できなかった。それが「引け目」と「悔恨」であるとすれば、「戦争時代の暗黒」と「その時代の終焉」を心に描いて、文章を記しているのかもしれない。

＊＊神秘的体験4〈稲妻の幻想〉（一九六二年八月一五日　記述は右と同じ日付け）

神秘的体験として続いている。この文章の日付は同じになっている。

「今朝程、僕はパリ郊外の閑散とした寂しい通りを歩いていた。突然、啓示が起きた。それは、あたかも一瞬の稲妻が走ったかのように、あるひとつのことを、何と言ったらよいであろうか。感知することは出来るのだが、はっきりとは見えず、さりとて全く見えないとも言えない、あるひとつのことを、僕に明かした。……僕は、二十年前、いや三十年前と同じ自分に戻ったのである。今、これらの家、これらの木、これらの駐車している自動車を見ている自分が、今までは何物かにとり憑かれいて、自分自身では何も見ず、何も本当には感ぜずにいたことに気がついた。ところが今、僕は、これらの家々を、木々を、止まっている車を、見ているのだ……。それらは確かにそこにある。そして《接触》が急に回復したのである。その事実に気がついた時、僕は、狂気が自分から立ち去ったことが判った。そして、すっかり驚いて、自分自身を見た。あたかも、こんな風に自分を見たことは、未だ嘗てなかったかのように。僕は落ち着いていたが、幾分疲れていた。自分のなかで、ぶんぶんと音を立てて罷まなかったものが、消え去っていた。そして、それと全く同時に、それまでのありとあらゆる狂気と、それに続いて引きおこされた発作的な恐怖とが、どっと逆流しはじめた。それは実にはっきりしており、身の毛のよだつものではあったが、もはや、僕の内部においてではなく、外側において起ったのだ。僕の目の前に繰り拡げられるだけで、もはや僕に達することはないのであった……」。

（「全集13」、152-153頁　傍点強調は原著者）

＊＊幻想から脱幻想へ

森の啓示ともなったこの神秘的体験は印象的である。内的に病的なものを感じていた森が、周囲を見回してすっきりした意識を取り戻したことを記している。精神科にもかかり、薬も飲んでいた森の精神的状態を思うと、この記述には深い体験の意味がこめられていることがわかる。幻想的世界から、脱幻想的世界への道程が語られているように思われる。

＊＊脱幻想の様相

ここに記述しているように、「二〇年前、三〇年前」という意味は文字通りに理解することはできないだろう。一九六二年八月の時点のことであるから、二〇年前といっても、また森有正はパリに達しておらず、日本は戦争の末期で混乱していた時期であった。森有正が述べている知覚は、パリ郊外の静かな場所であろう。その町並みが、静かなたたずまいそのままに見えるというのである。何事もなく、特別な相貌を帯びていない、また特別な情動の色彩によって付加された意味も帯びていない町を今、見ている。これらの情動の付加された相貌の町はもう過ぎ去ったのである。今はあるものをあるがままに見ているという経験をしている。

彼の長い苦悩の経歴からすると、これは新しい経験であり、新しい知覚である。「これまでの過去は一段落したのだ」という実感である。はっきりした「自然な感覚」だったのではないだろうか。これから森はまた、新しい思考を深める苦難の道を進むということになるだろう。森有正がパリに来て、一二年の生活と時間は、ここで区切りがついたのではないだろうか。そしてこれから歩むのは、もっと苦しいかもしれないが経験について思考を深める旅ではないかと思われる。これまでのような内的に張り裂けるような重圧からくる苦難の生活ではなく、生活の中で思考を深めていく意志と努力の苦難の道であるように思われる。しかし、それは未完に終わらざるをえないものであったが。

＊＊アイデンティティの希求

この最後の引用した文章は、一九五九年一月一日深夜に書かれたと記されている。パリ到着から八年半を経過していることがわかる。これは森の中に、これまでの自分と違ったまったく新しい自分を自覚した瞬間を表現し、記述しようとしたことであった。これらの体験はやがて森がはっきり言葉として表現していく、自己による自己の「経験」であった。「これは誰も教えることも学ぶこともできはしない。この一個の人間の裸のありさま、……一つの熱情としてほとばしる以外何ともすべのないものである」(『城門のかたわらにて』、エッセー集成2、64頁)。これが森の実感であった。

『城門のかたわらにて』(一九六三)は、このような内的な変化について、森自身がかなり明確な言葉で記述することができるようになった文書である。一九五八年七月五日という日付から始まるこの手記は、森がなぜパリに留まらねばならなかったかについての説明の書であると言ってよい。パリに滞在して八年たって、森は初めて言葉にすることができた。つまり、自己経験によってのみ、自己の確かな経験を源泉として、自己に目覚める瞬間、その中から真正の自己、つまり「素《オーセンティック》の自分《セルフ》」が立ち現われ、自分の言葉が紡がれてゆくのを発見した。その心の深層を見つけ、またそれをはっきりととらえたのだ、ということを「ことば」で語っているのである。森は直観として、パリに留まることを決意して行動した。八年目にしてようやく、自分の直観的な決断について、自分の「ことば」

にすることができたのだ。

この経験は私なりに理解ができると思った。私にも似た経験があるからである。似た経験であるが、同質ということができるかどうかはわからない。次に、私の経験についても書いておきたい。

＊精神分析の訓練の体験

私自身は一九六四年から一九六七年年まで、精神分析の訓練生として、ニューヨーク市で家族と共に生活した。そして一九七九年から一九八一年までマサチューセッツ州のストックブリッジという小さな村にある精神病院（オースティン・リッグス・センター）で研究員として、ここでも家族と共に生活した。この病院は精神分析的オリエンテーションのもとに、精神的な病に苦しむ人々、ことに青年期の人々へ手厚い積極的な治療的アプローチを行っていることで世界的に知られているところである（注：鑪『リッグスだより』誠信書房、一九八二）。

特に精神分析の訓練生として学んだニューヨークでの私の生活は苦しかった。経済的にも大変であった。森と同じであった。また、やがて気づいたことは、日本とアメリカとの文化の質の違いであった。それは仕事や研究をするうえでの人間関係に示されていた。

精神分析とは、自己の精神的な内的世界を幼少期から探索し、細かく吟味していく仕事である。それを少なくとも週に三回の治療面接の中で、長年繰り返していく仕事をする。その目的は「真正な自己」「素の自分」に直面し、過去の経験の新しい組み換えを行うことである。これが心の変化、新しい人格の形成に役立つという考えに基づいて組みたてられた治療の方法である。精神的な問題をもつ人、苦しんでいる人の治療として役立つ臨床的な技法である。精神分析はこの方法のひとつの実践である。これは期待しているようにはなかなかすすまない。期待しているようには簡単にすすまない長い時間を要する体験である。自分に直面するという作業は年月をかけて行わねばならない大事業だということである。

＊＊自分中心の活動

訓練の過程の中で、私が体験した苦しみの一つは、自分の言葉で自分の経験を語り、他の人の経験を聴き、他の人とその違いをさらに明確にしていくという作業であった。

これはセミナーなどでも起こった。ここでいつも辛い思いをしていたのは、著書を読み、その内容を紹介すると、もう自分の仕事は終わったように思っていることであった。実は仕事はそこから始まるのだったが。紹介が終わると、「それであなたはどう思うのだ?」「なぜ、この本を取り上げたのだ?」「どこに賛成して、どこに疑問があるのか?」という周囲からの質問に繰り返し直面させられる。常に自分の判断が要求される。その質問に自分の言葉で応えることができないと、「何にも考えていない人間だ」ということになる。これは厳しいプロセスであった。日本では指定の論文を紹介すれば、それで終わる。それで仕事をしたことになる。あとは紹介した内容を皆で吟味し、学ぶところがあれば自分のものにすればよい。新しい知識が得られたという喜びに浸ることができる。日本では与えられるものを静かに受け取るというスタイルがある。そこで終わりとなる。

ところが精神分析の訓練の過程では、日本の学びが終わるところから始まるのである。アサインメント(セミナーのための指定の著書や論文のこと)の場合には、もう本は読んでいるのだから、討論から始まるということも少ない。ここで「賛成」であっても、「反対」であっても、「自分の意見があるはずである」ことが前提になる。自分の意見なしに討論に参加することはない。それでは参加の意味がないことになる。

＊＊主動的な活動

このような討論とは、どのような心の過程なのだろうか。前項で「自分中心」と言ったが、これを「主動的」という面からみると、一層明確になるのではないかと思う。つまり、基本的に主動的に参加して、学ぶという姿勢のスタイルがあるということである。ここではいつも「自分はどうか？」「自分の意見は何か？　どこが一致していて、どこが違うのか？」が問われる。自分を中心にして、問題と人とのかかわりが求められる。これは研究所のセミナーに特別のことではない。これは大学で普通に行われている教育である。これがニューヨークに住んでいる人々の基本的な人間関係でもあった。それは基本として、住んでいるすべての人たちが共通に持っている姿勢である。それなしに周囲の人との対人関係を営むことはできにくい。

森も経験して苦しんだように、この点で、「自己の考え」「自己の経験」が常に試されている世界が存在している。「素の自分」は何を考え、何を思っているのかが、人と人とのかかわりとして、対人関係の基本にある。これは森が言うパリやフランスの「文明」であった。私はこれを「文化の力」と考えている。これは硬質な性質のものであり、それを自分の中に備えていないと、落伍者と見なされるか、相手にされない。人間として存在しているとは見なされない。つまり、この社会では生きるのが困難なことになる。

私にとっての問いは、ニューヨークの「文化の力」が影響を与えて私を変えたのか、それとも精神分析という方法が私を変化させたのかであった。おそらくその両方であろう。しかし、その二つのものは分けがたく存在しており、区別するのは、困難であるというのが私の実感である。

＊＊文化の力

私は自分の体験から、森の体験を推し量って、森の言う「文明」「自己の経験」の意味が、私自身の経験と同質のものと考えた。森の言う経験と同質のものに違いないと受け取ったのである。私が苦しんだのは、私はこの場所で精神分析を学んでいるが、このプロセスが私の「素の自分」を変えたのか、それともニューヨークの人々の持つ「文化の力」なのかということであった。森にとって、パリの文化、人々が呼吸している文化の力と同じように。

ここで文化の力というのは、対人関係の持つ、人を素の自分に直面させずにはおかない強力な力のことである。その文化の中で生活する人は、この文化の力の影響を逃れることはできない。唯一残されている逃れる方法は、同じ文化の人たちと小さなコミュニティをつくってその中で生きていくということである。ニューヨークの中国人村、韓国人村、日本人村、イタリア人村、イスラエル人村など、村というべき、さまざまのコミュニティが存在していた。人はその中で伝統的な文化を呼吸し、生きているのである。

＊＊日本人のコミュニティ

そのコミュニティを出ると、普遍的な「素の自分の経験」を土台とした対人関係の交流が求められる。森はパリで日本人のコミュニティに片足を踏み入れていた。また、晩年にはパリの日本館の館長を二期にわたって引き受けた。というより、自ら望んだ。またパリの日本人会の会長を望んだりしている。これらはそれほど歓迎されたものではなかった。変わり者として遇されていた。貴種の出自、つまり森有礼の孫であり、貴族の出であり、有望で将来を約束された東大助教授であった。森は変わり者でありながら無視されることはなかった。しかし、「素の自分」で生きていこうとすればするほど、森はこの文化村《コミュニティ》から排除されることになったと思われる。この排除の形態も日本文化の本質に近い独特のものである。「あの人は特別だから、仕方ない」「そっとして置く」という一種の棚上げ状態の無関与的な無視と隔離の寛容さであった。

森は文字通りいのちを懸けてパリで生活することを決心した。無垢の「新鮮な感覚」と精神によって、自分の内部に起こってくることを表現しようする。森はそれまでの日本での生き方とまったく別の生き方を選択してしまった。それは森の「根源的な生」を問う生き方の選択だった。周囲の人たちは森の決断をまったく理解できなかった。周囲は日本の常識的な社会生活のレベルで、また日本の哲学界のレベルによって森の行動を理解し、反応していた。この日本的な常識的判断から発せられる森への帰国を勧める言葉や忠告は、森の絶望や落胆を深めるだけだったただろう。

森の心のこれらの変化と決意は、森の周囲の人々、また日本に居た関係のある人々にも理解されなかった。家族にもわからなかった。困窮の中で生活しているのだから、森は頭がおかしくなってしまったと考えても、それほど不自然とも思われないだろう。その状態の中で、森を理解した人が、パリに二人いた。高田博厚（一九〇〇―一九八七）と椎名其二（一八八七―一九六二）である。

＊高田博厚

高田は著名な彫刻家である。

高田は一九三〇年代にフランスにわたり、彫刻家としてロダンや、森が模範として仰いでいた哲学者のアランなどと親交があり、またパリの日本人の社交界でも有名な存在であった。第二次大戦では、欧州に居続けて苦労した。日本人として連合軍の捕虜の経験もあった。波乱万丈の生活をした。小柄な人ではあったが、スケールの大きい人であった。また、洒脱で、鷹揚で、個人の良さを引き立てるということのできる人であった。

高田は森と出会ったときに、五〇歳。森より一〇歳年上であった。高田は森の一途さを気に入って、パリへ、フランスへの導きを親切に行った。森もその厚意をよくわかって、高田を慕った。一緒に著書『ルオー』（一九七六年、筑摩書房）を出版したりもしている。森の芸術的な美、フランスの美に対する導き手は高田であったと私は思う。たとえば、ルオーについてもそうであるが、クリューニー博物館の織物の絵、シャルトルのカテドラル、サント・シャペルの絵硝子の窓など。森の美意識はこれらを基準としていたと言ってもよいのではないだろうか。

森はオルガンの練習を高田にだけ聞いてもらうこともあった。森は死に至るまで、右に述べた以外、自分の美意識についてあまり語っていないのをみると、高田の影響の大きさを見逃すことはできないだろう。これを普遍性とみるか、曖昧な特定の価値にとらわれない姿勢とみるかは、人によって意見が分かれるだろう。いずれにしても、高田が森に与えた影響ははかり知れないものがあると私は思う。

高田は一九五七年に日本に帰り、一九六六年から鎌倉に住んで彫刻を続けた。高田は特定の文化を超えたコスモポリタンであった。どこに居てもあまり周囲に影響されることなく、自分の個性のままに生きた人であった。作品は小品が多い。温かい印象を受ける。現在、高田の作品は、蓼科の豊科近代美術館に百九十数点、絵画五十数点、版画十数点、福井市立美術館に彫刻百七十数点、版画・絵画二十数点のコレクションがある。

また東松山市には三十数点、そして東武東上線高坂駅前の広い道路に見事な三二点の作品が約一キロの道の両脇に並べられ、誰でも作品を味わうことができる。また、鎌倉の高田のアトリエから移された絵画の他、たくさんの遺品が収集されている。また、三島プラザホテルには一四点が高田博厚プロムナードに展示されている。高田が長く住んでいた鎌倉市には、寄贈された彫刻類がかなり保管されている。また、高田は流れるような自然な美しい文章を書いている。著作集四巻が出版されている（高田博厚、一九九〇）。

日本における高田の人脈や人との交流は、森の人脈や人との交流とまったく違っている。これも興味深い。日本では、森が夏休みなどに日本に帰国しても、高田との交流は、それほど深くはなかった。森にとって高田は、パリでの生活の先達であり、豊かな美意識を持ち、欧州のこと、フランスのことを知り尽くしていた人であった。しかし、森の『バビロンの流れのほとりにて』の中には、高田はあまり姿を現さない。森にとって、高田は美的なセンスや生き方そのものに深い影響を与えた人であるにもかかわらず。

＊椎名其二

森にとってもう一人の大事な人物が椎名其二である。森は高田の紹介で椎名に会った。椎名は六三歳であり、森は四〇歳であった。椎名の評伝が蜷川譲によって『パリに死す：評伝・椎名其二』として出版(藤原書店、一九九六年)されている。椎名は一八八七年に秋田県に生まれている。早稲田大学を中退(一九〇八年)して、アメリカのミズーリ州立大学新聞科で学んだ。卒業後、しばらく新聞記者をするが、不満であった。後輩の堀江金太郎に影響を受け、アマースト大学で農学を学び、実習先のつてで、フランス領のピレネー山脈のふもとで実習を行う。実習先の婦人がロマン・ロランの親友ということがあり、文学に目覚める。

ここでフランス人の女性と結婚するが、複雑ないきさつがあって、パリに出る。日本人のコミュニティでは、噂レベルで知られ、椎名にはあまり好意的ではなかった。以後、椎名は文化的なことに関心を深めた。ファーブルの『昆虫記』の翻訳がある。

家庭は安定したものであった。一九二二年(大正一一年、三五歳)に日本に帰国した。しかし、農業経営はうまくゆかなかった。次の年、東京に出て、早稲田大学でフランス語を教えた。一九二五年には、教授になった。しかし、マリー夫人は日本の生活に耐えられず、子どもを連れてフランスへ帰国。椎名も一九二七年に渡仏した。パリでは日本人会の書記として生計を立てた。戦時中はパリの日本大使館の留守係のような仕事をした。また、フランス人のレジスタンス活動に協力した。戦後、フランス政府からその功績を称えられた勲章を得ている。

戦後は製本家として仕事をした。腕は確かであったが、得られる収入は少なく、最低の生活を余儀なくされた。仕事場は地下倉庫を改良した空間に粗末な木戸がつけられたようなところであった。椎名は自分でラ・グロト・デ・ウール「熊洞」と呼んでいたと言う。孤高を維持しながら、貧困の生活であった。まったく妥協のない生活をした。そのため、文字通り清貧な生活であった。古武士的な倫理性の高い人であった。高田と同じく、一九五七年(昭和三二年)に日本に再び帰った。知人宅を転々として生活した。またフランス語教室もうまくいかなかった。一九六〇年に再びフランスに渡航した。そして初めてフランスに渡った時の知人で、パリから一八〇キロの距離の農村のリクリュ家の別荘に世話になり余生を送った。一人の生活のまま、椎名は次の年の一九六二年四月三日に逝去した。森との交流は森が一九五〇年に渡仏してから、椎名が日本に帰国する一九五七年の間である。

椎名はパリの日本人コミュニティとも距離を置き、付き合いにも厳しかった。日本人のコミュニティにはあまり受け入れられなかった。森は椎名に会って、その清貧な生き方や、倫理的な面で妥協のない生き方に魅かれた。しかし、森自身に対する椎名の批判の厳しさに堪えられず、次第に遠ざかっていった。

森は次のような言葉を残している。


「椎名氏との交際は数年続いたが、その後私は氏から遠ざかったが、それは私が氏の毒舌に耐えられなかったからである。……

しかし、私は、正直であるためには、耐え切れなかったのであり、椎名さんは必ずそれが判っていたと信じている。その優れた人格の五十年の経験がこちらに噴き込んで来るその凄まじさは何にたとえようもない」。

（注：『東京新聞』夕刊、一九七二年一〇月二七日付＝蜷川譲『パリに死す』、288-289頁）


椎名の晩年には、森はもう会うこともなかった。

森にとって、高田と椎名は、パリの中でのはっきりとした信頼に足る人間のモデルであった。日本人の中で、「自分でありうる」「自分であってよい」ということを承認してくれる人であった。椎名は妥協なく厳しく自己を律した人であった。森はついていけなかった。しかし、無視することも、忘れることもできない人であった。高田は温かく森を見守り、保護的な姿勢で支えた。森は自分の新しい生き方の承認を高田によって得た。

＊受動性と主動性

森はこれまでの受け身的な姿勢から、自らかかわっていくという主動的な動きに変った（注：「主動性」は主体性や能動性の代わりに用いた。成瀬吾策の用語。主体的に動く内的な心の在り方を指している。参考文献参照のこと）。それを肯定した。それを正しい生き方とした。そのために自分の感覚をいつも新鮮な状態にしておくことをこころがけた。これは先に述べた精神分析の治療的人間関係の基本的な性質でもある。フロイトは精神的に健康な人の心的な状態と働きを「受動的な状態から、主動的状態への動き」と述べている。まさに森は、生の本質的で、中核的な実感を言い当てているのである。この点に私も深く共感することができた。

森のパリでの二年に近い滞在での「生活経験」が、これまでとまったく違った生き方をしなければならないという直観を森は得てしまった、と言うことができる。それはパリに来る以前から「惧《おそ》れ」「恐怖」として、森が直感的に感じていた予期不安でもあった。森がパリに滞在しなければならないという決意につながっているものは、森のパリでの「生活経験」だと私は思う。森はこの体験を「税金を払う」という言葉で述べている。金を稼ぎ、生活し、税金を払うということである。このプロセスは住んでいる国の文化に取り込まれながら、その文化と深くかかわって生きるということである。これを森はお互いにかかわりあう恋愛関係だと言う。

このときに生活者は内的に、日本に生まれた生きた文化とパリの文化との強烈な「文化の摩擦」と二つの文化の「衝突」が起こる。これは大きな精神的な混乱を引き起こす。このような内的な衝撃や混乱は、「旅人」として生活する場合、体験することのできない独特の強烈な体験である。当時のパリの日本人たちは日本館の中で「旅人」として生活し、生活のための金は日本からの送金によってまかない、日本人のコミュニティの中で交流した。激しい文化摩擦を避けた。パリは衣裳であり、記号であり、つぎはぎの可能なコラージュの絵画であった。これに対して森の体験は、周辺の日本人たちとかなり違った生活を始めたことになる。

＊＊パリでのモデル

そして森が直《じか》に体験しているものと同質の体験をした人物が現れる。それが高田博厚と椎名其二である。二人とも、フランスの中で、パリの中で文化的な深い衝撃を潜り抜け、はっきりした個性として生きている人であった。森にとってこの二人が常に導きの光となったのは当然のことであった。この二人も森の体験や苦しみをよく理解できた人たちであった。

生活者としての森は、次第に内的な変化を感じ始める。そして森は「心が現在では全く内側に向くようになってきている」と言うようになっていく。

「言い換えると、僕は僕自身を礎石とすることによってほかのものを恐れる必要がなくなったということである、あとはそれを深め、自ら確めるということである。しかし僕は考える。それには何という遙かな時の流れを必要とすることだろう。……僕はそれを一つの思想と文字という客観的なものに、結晶させなければならない。しかしそれを実現することができるかどうか、それは僕自身にも判らない」。

（『バビロンの流れのほとりにて』、51頁）

「しかし日本の生活と地位が崩れ落ち、友人たちが続々離れ出し、僕を批判し出し、無関心になり出したこのかなしみを何としよう。僕は今じっと耐えて、自分を吟味し、自分をより確実にするよう努力するほかはない」。

（同右、54頁）

これも森の言うデソラシオンであろうか。森は生活のレベルでは、多くの人と交わり、話をするのが好きな人であったのだが。

本章の初出論文

鑪　幹八郎（二〇〇三）：「自己分析の可能性―森有正の経験へのこだわり」―　臨床心理研究―京都文教大学心理臨床センター紀要、第5号、1-13.
鑪　幹八郎（二〇一〇）：「森有正の神秘的体験またはヌミノース体験について」　臨床心理研究―京都文教大学心理臨床センター紀要、第12号、55-66.

参考文献

Erikson, E. H. (1964): *Insight and responsibility.* New York, NY: W. W. Norton.（鑪　幹八郎（訳）（二〇一六）：『洞察と責任』誠信書房（新訳））
高田博厚（一九八五）：『高田博厚著作集』（全4巻）　朝日新聞社
鑪　幹八郎（一九八二）：『リッグスだより』　誠信書房
鑪　幹八郎（二〇〇五）：「アモルファス自我構造からみた森有正の対人関係について」臨床心理研究―京都文教大学心理臨床センター紀要、第7号、83-92.
辻　邦夫（一九八〇）：『感覚のめざすもの』　筑摩書房
成瀬吾策（二〇一七）：動作法について　心理臨床学会三五回大会、招待講演録
蜷川　譲（一九九六）：『パリに死す―椎名其二』　藤原書店
森　有正（一九五七）：『バビロンの流れのほとりにて』　筑摩書房
森　有正（一九六三）：『城門のかたわらにて』　筑摩書房
森　有正（一九七八）：『森有正エッセー集成』（全5巻）二宮正之（編）ちくま学芸文庫　筑摩書房
森　有正（一九六八―一九八二）：『森有正全集』（全15巻）　筑摩書房

第四章

森の執筆のスタイル・文体

ここで森は三つの文体の方法をとった。まず第一に、「対話としての書簡体」のスタイル。第二に、「日記」ないし、「手記」のスタイル。そして第三に、「建物、ことに教会や風景との対話」である。第三のスタイルの中には、辻（『森有正―感覚のめざすもの』）の言うような、名辞性に陥りやすい旧来のスタイルと混在しているところもあった。これは自覚することの困難な、解離した森の行動パターンの影である。この点は後に吟味する。

この三つの文章のスタイルは森の意識的な選択だった。これによって、森の文章のスタイル、文体が、辻も指摘するように、『バビロンの流れのほとりにて』以前のものと（それはパリに来る以前の東大の頃の時期ということになるが）、まったく違ったものになった。この点はすでに述べた。これまでは頭を使って判断しないとわからないような理性的な言葉を積み重ねて記述していく文章だった。かなり哲学の素養のある人でないと理解できなかった。また、関係者以外の周辺の人はあまり興味も示さなかった。

しかし、『バビロンの流れのほとりにて』以降の新しい文章は、森自身の経験そのものに基づいて書かれている。だから、読者も自分の経験を通して、理解していくことができる。感情移入をしながら森を読んでいくことができるようになった。森が身近になった。そして多くの人が森の著作に惹かれていった。私もその一人である。

そこで次に、私の理解した森の三つの文体、スタイルについてまとめておきたい。

*第一の手法の特徴：対話としての「書簡」のスタイル

『バビロンの流れのほとりにて』『流れのほとりにて』『城門のかたわらにて』『砂漠に向かって』『アリアンヌへの手紙』など、これらの文章には、森が伝えたい表現する相手が居る。書簡とは、文字通り、信頼する人に向けて書く手紙のことである。手紙の相手との深い信頼関係を前提にして、成り立っている世界である。お互いに信頼しているから、個人的な秘密に属することも、また直観的な感想も、内的な妄想も、自分の中に生起している内的な世界をかなり自由に表現できる。このような書簡はこれまでも多く出版されている。代表的なものは、森が熟知しているデカルトの膨大な『書簡集』がある。私にとって親しみ深い書簡集として『フロイト・フリース書簡集』『フロイト・ユング書簡集』などがある。

森有正の哲学の領域では、前にも述べたようにデカルトの『書簡集』がよく知られている。森もそのことを熟知しているはずである。パスカルの『パンセ』（瞑想録）にいたっては、森が博士論文にする相手でもあった。またモンテーニュには『随想録』（エッセー）がある。これによって、フランスの哲学の手法の伝統が生まれたと言われているぐらいである。これらを相手にしながら、これらの哲学者がどのように素材を生み出し、思想を形成していったかには、森はまだ気づいていなかった。

森はパリに生活して初めて、フランスの哲学者たちがどのような素材の中から、また、どのような生活の中から思想を生み出していたのかに気づいたのではないだろうか。そしてそのことに心の底から納得した。「もし、自分が思想家として、哲学者として生きていくのなら、その方法をとらなければならない」ということであったと私は思う。これは「場」の発見であった。自分が生きるためには、この場、この空気、この生活から離れることはできないという、厳しいが深い自覚であった。それは新しい覚醒であった。この時点でパリに留まるということを森は決意した。これは決意であって、パリの生活へのかたくななしがみつきというものではまったくなかった。森は、文字通り生活を懸けて、この決意を守ろうとした。ここで森は、観察者・解説者から、哲学者・思想家・生活者へ生き方を変えた。解説者から創造する人へ変わった。つまり、森は初めて哲学者・思想家としての門口に立ったと言うことができる。

森が二〇年後、高田博厚の紹介や励ましに支えられて、リルケの書簡集『フィレンツェだより』（筑摩書房、一九七〇年）を翻訳したのは、大事な決意のひとつの証であったと思われる。リルケが送った書簡の相手は、ルー・アンドレアス・サロメであった。後にフロイトの弟子になり、精神分析家になった女性である。森もやがて、書簡集

『アリアンヌへの手紙』を書くことになる。

比較すべくもないが、私はかつて、精神分析的な心理療法の治療センターであるオースティン・リッグス・センターで仕事をしている間、病院での経験を書簡風に書いたことがある（『リッグスだより』、誠信書房、一九八二年）。私の場合、相手は精神分析の仲間の人たちであったが。

エッセーにしても、書簡にしても、そこに創造的なものが存在していて、また思考の本質的なものが出現する場であることも、森は熟慮の末に、よくわかった。だから、自己のもっとも本質的なものは、自由に自己を吐露できる通路として、書簡の方法を選択したのだと思う。

しかし、この手法には、自己の全裸の姿が読者の目に晒される恐怖も存在する。森はその恐怖に対して開き直るような姿勢を示している。「これしか方法はない」「これが真実であり、真実に立ち向かうのに、自分の生身の生活の中にあるものを突きつけるほかないではないか」「外から発せられる、それ以外の言葉は無意味である」。森は、かなり戦闘的な姿勢を示している。また、「……べきである」「……ねばならない」「……それ以外に道はない」「……苦しくとも、この道を進むほかない」というような厳しい言葉が乱舞している。これは喘ぐような厳しい姿勢であることがわかる。苦悩している自分をひたすら励まし、鞭打っているように聞こえる。

これらは、青年期のアイデンティティを模索している若者たちの激しい言葉のようにも聞こえる。森の文章はこのようなアイデンティティの希求の中で苦闘している若者たちにフィットするだろう。森の読者に多くの若者たちがいることは、たとえ思索の深さに違いはあるとしても、そのアイデンティティ形成のプロセスの水位においては同じではないだろうか。

これは納得のいく方法の選択である。私は精神分析や臨床心理学の中で、心理療法という手法で仕事をしている。このことは前にも述べた。この手法の特徴は、「対話」である。二人の人間、つまり、専門家と患者・クライエントが出会って、内的な世界について語り続けるという活動であり、行為である。これはお互いの信頼のもとで展開する言葉のやり取りが、創造的な世界を開き、新しい生き方の模索につながるということを前提にしている。森が選んだ書簡による表現という方法は、まさにこの心理療法の基本構造と同一の性質を持っているように思われる。

このように考えると、森の選択は直観的であったかもしれないが、正確なものだった。森はこの方法で『バビロンの流れのほとりにて』を書き始めた。したがって、これらは個人的な記述でもって、相手に語りかける形になった。語りかけられるのは、読者である私たち一人ひとりなのである。私に話しかけられたら、私として反応せざるをえない。これは森の思考に近づき、入り込んでいくということになる。私が森と対話をすることになる。

＊第二の手法の特徴：日記スタイルの選択

森はパリに滞在したはじめから日記を書いている。しかも、フランス語で書いている。日本文も交えているが。全集の13巻、14巻の二つの巻に公表されている。翻訳は二宮正之である。森の最晩年に、もっとも近くにいた人である。第13巻は一九五四年五月一八日から一九六八年五月四日まで、第14巻は一九六八年一〇月二二日から一九七六年八月六日までが公表されている。森は一九七六年一〇月一八日に死去しているので、死の直前までの日記が公開されているということになる。

公開された日記の冒頭の文章（一九五四年五月一八日）には、やや違和感を覚える。右に述べたように、森の日記は多くの部分がフランス語で書かれている。この冒頭の文章は日本語で書かれている。しかもこれは特定の友人にあてて書かれたことになっている。つまり、日記と書簡とが、混在しているような日記である。森にとっては、日記の場合にも、内的には誰かを想定してその人に語るように文章を書いている。対話となっているのだ。

日記が本来、モノローグとして書かれるものであるとすれば、森の日記はまったく違っていて、ダイアローグ、対話としてのスタイルをとっていることに特色がある。ダイアローグの特色は、相手にわかるように説明する文章が多くなる。これに対して、モノローグは自分に対する説明はいらないのだから、文章は短くなり、説明よりも感想や感情表現が多くなる。森の場合、記述的な説明が多いことに特徴がある。これも日記のモノローグとしての性質を超えた、ダイアローグ的な色彩をおびていることに特徴があると言うことができる。

さらに疑問が浮かぶ。森はフランス語で書いた日記を清書したいと言う。日記を清書するということが、私にはよくわからなかった。しかも清書するために、フランス人のタイピストを雇うと言うのである。かなりおかしい、不思議だということになった。日記とは個人的な内的な自己と自分とのダイアローグ、他者からすれば、性格からしてモノローグではないのか。それを他人の目に晒すというのか。なぜだろうか。

日記の公開ということは、もっともプライベートな世界、自分の秘密の世界の公開を意味するものであある。ことに、日記をタイプするためにタイピストを雇ったということを知ったときには、森の意図がよくわからなかった。プライベートなものをフランス女性のタイピストにタイプさせるということは、一体どういうことなのだ。意図がよくわからない。何かの誘惑なのか。思春期の子どもたちが日記を交換するような心情なのか。仲良し相手に近づきたいという欲求なのか。いずれでもないらしい。それでは何なのだろうか。

森はまじめというか、ほとんど無邪気に、素直にこれをやっている。これが自己の思想の生成の場所ということを自覚し、それを内的生成の場として、周囲の人びとに理解させることが必要であると感じた。だから、日記という個人的な、プライベートなものであるにもかかわらず、思想的な展開を公開することを考えているのである。森が示したいのは、鉄を燃やす窯《かま》、溶鉱炉、メルティング・ポットの中身の状態なのである。これこそエッセーの特質と言ってよい。

プライベートなことになると、時々、「これらは書く必要を感じない」「これらは書く意味がない」と省略している。日記であれば普通に書かれるような日常的な行動や出来事、またそれらに対する心情についての記述が省略されている。つまり、この文章も森の意図的な作品の一つであり、自己の真正《オーセンティック》な経験、「素の自分」の経験に達する道筋を示す方略なのである。普通に日記というものとは、まったく性質の異なるものであるということがわかる。

森は死去の直前に、日記に何を記しただろうか。病院入院後から死に至る間の二週間は日記が書かれていないので、左記に示すものは、これが日記としては、森の絶筆である。興味深いので記しておきたい。

一九七六年八月六日（金）（原文＝日本語）

太平洋から水面下に入り北極洋の厚い氷原の下を潜航していた原子潜水艦がベーリング海に浮上するように、私は三年間の勤め（注：日本館館長）を終えて太陽の輝く大洋の水面に再び現れた。日の光り、潮騒、流氷、黒い波打つ海面。それは悲しみでは無論ないが、喜びでもない。ほっとしたなどという気持でもない。もっと真面目なある感慨である。

二十六年間、パリで堆積した経験が一せいに目ざめ、朝湊して来るように感ぜられる。

引っこしの荷物の間にJ・B・グレール師の「ヘブライ語学習者の手引き」（一八六一年版、A・ジュビー出版）がころがっていた。それは偶然とはどうしても思われなかった。これから始めなければならないのだ。原石塊は世界一良質なのだ。一切の思いつき、虚栄、欲望、流行を完全に無視してしまわなければならないのだ。「聖書共同研究」の「創世記」のアブラハムの項を読んでみた（日本キリスト教団出版局発行）。材料が良すぎてかすりきずも附いていない。それは当然のことだ。

私ももう六四歳をこえた。もうこの素材にとり組まなければならない。

Rue du Temple と Avenue de Paris の角に改革教会を見つけた。日曜毎に行くことにする。日曜朝十時半に礼拝式がある。アブラハムの慇懃と敬虔と自由と寛宏とをもって生きようと思う。そしてそれは私の最後の日まで続くであろう。

これが全文である。日付は八月六日である。ここには、原子力潜水艦のことには触れているのに、八月六日の原爆投下のことについては触れられていない。広島に住んでいる私にとっては、八月六日は祈りの日なのだが。森はこの二か月後、大きな期待をもって移った新しい家からあまり遠くないレストランで、二宮正之と秘書のような役割をしていたD・ドゥリアーズと会食中に倒れ、入院した。そのまま十月一八日に他界した。

＊第三の方法：教会の建物の構造など、「もの」の詳細観察

森は強迫的に旅をした。

森は自覚はあまりないようであるが、フランスを中心に、周辺の欧州の国々をものすごいエネルギーで旅をしている。どんなに強迫的な旅なのか、以下に森が書いているままに、都市や国の名前を書いておく。

コルシカ、モロッコ、スペイン、モンテ・カルロ、ニース、フィレンツェ、シエナ、ラヴェンナ、オランダ、イタリア、ベルギー、ドイツや東欧など。

訪れた教会はまた、おびただしい。代表的なものとして森が書いているのは、「パリのノートル・ダム、サン・ドニ、シャルトル、ランス、ラーン、アミアン、ポーヴェー、逞しい塔のそびえるバイユウー、複雑な美しさをもつルーアン、レースのように繊細に高くたつクータンス、そしてブルッセルのサント・ギュデュール、激しい意志を表すアルビ、典雅で静穏なフレジュス、トゥルーズ、カルカソンヌ、モワサック・ルマン、怪物のように巨大なスペインのブルゴス、トレド、ひなびた美しさの溢れるセゴヴィアやアヴィラのロマン様式の諸教会。その他数限りもなく見た」と記している。短い時間の中で、森は本当に精力的に動き回っている。

ここでは地域の人々の歴史と精神的な生き方について、森の対話が続く。森を読み始めてしばらくの間、この手

法で記された森の文章について行くのが困難であった。森がなぜ、このように微に入り、細にわたり、町や建造物や教会を描いていくのか、よくわからなかった。森の思考方法、森の視点について行けない。語られている文章の意味が理解できない。読者としては自由を奪われ、強制されているという感じがする。森の視点は、民衆が神を求める精神的な生成の力を理解しようとしている。教会の壁や石畳、瓦などの細かい描写が長々と続く。しかも力がこもっている。読む者としては、この記述にも圧倒される。森はキリスト教の歴史、西欧の人びとの根底の精神に触れようとしているのである。この背後に、自分自身のキリスト教信仰者としての生き方の確認と、パスカルのキリスト教的弁証法への傾倒ということがあったのだろうか。そして神と出会う場所として、教会の形成の歴史と教会そのものの構造が吟味され、確認する対象になったのだろうか。

しかし、読者にとっては、パリについて知的な案内、西欧の教会の建造物についての案内をしてもらっているという印象を受ける。文章は微に入り細にわたって観察したものを表現しなければならないという森の強迫的な記述の姿勢になっている。なぜ、このように執拗なのだろうか。この手法によって西欧の文化、フランスの文化、ことにキリスト教の文化の世界を描くことができるということなのだろうか。「観念でなく」「名辞でなく」、自己の目に映るものを徹底的に記述するのだ、それが自分の考えている「経験」に達する方法であり、「経験」を豊かにする方法である、と考えたのだろうか。新鮮な感覚によって触れる。見る。見直す。考える。そのために、自分の言葉で建造物としての教会を舐めるように、具体的に、しかも歴史的視野の中で記述していった。この点については、方法論としては困難なものを含んでいると私には思われる。この点は後に吟味したい。

また、森はフランスに着いてから後、ずっと繰り返し旅をしている。しかも、森は「自分は動くのが好きではなく、定着して動かないのがよい」と述べている。しかし、実際には人よりも、はるかに多く、たびたび世界中を広く動き回っていると言うことができる。特に、フランスや周辺の欧州の国々には、よく足を運んでいる。

それにもかかわらず、森の内的な印象では、「自分は動いていない。動くのは好きでない。自分は思索して書くのが好きなのだ」という自己認識をもっていた。森のこの錯覚自体は印象的なものであり、分析して考察するに値すると私は思う。

おそらく森は自分の感覚で得られるものを全身全霊を打ち込んで生活する、という仕方で思索をする人になった。森が生涯続けた音楽も、オルガンという手も足も忙しく全身を使わないと音を発することができない楽器を愛した。また、食事となると、三人前を食べても平気だったような大食漢であった。せかせかと歩き、機関銃のように言葉を発した。どれも、全身を使った動きの世界に属しているように思われる。しかし、新幹線のスピードで走っていても、その列車に乗っていると、早いスピードで走っている実感がないように、森は「私は静かに座っているのだ」という自己認識をもっていた。

森の、書簡、日記、諸国の教会との対話という、これまで述べた三つの方法は意識して行った方法である（これ以外に、「フランスだより」『パリだより』という、日本流の随想といったものもある）。これらの方法によって、一つの文章で伝えきれない自己の真実を、立体的に表現したかったのだと私は思う。それらは森の哲学の素材というより、哲学者としての森の生活であり、哲学を生む場だったのであり、哲学することであったと私は思う。

参考文献

Freud, S. *Briefe 1873-1939*. Frankfurt am Main: S. Fischer.（1980）（生松敬三他（訳）（一九七四）：『フロイト書簡集』（フロイト著作集8）人文書院）

Freud, S. / Jung, C. G.: *The Freud-Jung letters: The correspondence between Sigmund Freud and C. G. Jung*. Edited by W. McGuire. Princeton, NJ: Princeton University Press.（1974）（W・マグァイア（編）平田武靖（訳）（一九七九－一九八七）：『フロイト／ユング往復書簡集』誠信書房）

鑪　幹八郎（一九八二）：『リッグスだより』誠信書房

辻　邦生（一九八〇）：『森有正・感覚のめざすもの』筑摩書房

森有正（一九八一）：日記II　「アリアンヌへの手紙」　森有正全集14　筑摩書房
リルケ：『フィレンツェだより』（森　有正（訳））（一九七〇）　筑摩書房

第五章

教会の観察について‥「もの」に直接に出会うこと

＊ピザの教会への訪問

森はフランスのみならず、欧州の広い地域をかなり頻繁に旅をして、教会を見ている。観察していると言ってもよい。観光旅行としてついでに教会を見るという姿勢とはかなり違うのだ。その一例を『バビロンの流れのほとりにて』の一〇月一七日の記述を見てみたい。これはフィレンツェに着いて、前日に行ったピザで見たドゥオモ（カテドラル）について書いたものである。相当な分量であり、書くだけでも相当な時間を要しただろう。

私もピザには行ったことがある。私は観光としてピザの斜塔を見に行ったのである。ガリレオ・ガリレイが斜塔で「落体の実験」をして、有名になったものであった。私が出かけた時には、斜塔がやや傾き過ぎて、倒壊の危険があるということで、補修されているときであった。大きなロープを斜塔に巻き付けて、傾きを補正して、補強の工事をするという状態であった。私は単純な旅行者の見物人に過ぎなかった。森の旅はこれよりずっと前であり、一九五四年の日付になっている。森がパリにいて長期の滞在を決めて、四年目のことである。私はまだ森の著作を知らなかった。森の書物に出会って後に出かけたときには、『バビロンの流れのほとりにて』を片手に、森が歩いたように私も歩いた。

森はこのドゥオモについて、二段組みで三頁半を費やしている（22-26頁）。字数にして、三千字を超え、原稿用紙にして八枚を超えているような膨大な量である。私なら数行で終わりそうだ。しかも斜塔については、「斜塔の傾きの美しさ」という九文字でおしまいである。これには驚いてしまった。後の膨大な字数で、森は何を語ろうとしていたのだろうか。以下にこれを分析してみたい。

まず、森は地理的な全体を描写する。

「僕は、ピザで、ドゥオモ（カテドラル）のある、カンポ・サントの広場の入口に立っていた。ちょうど、昼ごろだった。広い芝生の中に、真白い大理石の斜塔、ドゥオモ、それからバティステール（洗礼堂）が、ゆとりのある空間の秩序の中にならんでいる。第一に目にくる印象は、全体に幾何学的なエキリーブル（均衡）がとれていて、しかも実に繊細という感じだ」

（『バビロンの流れのほとりにて』、22-23頁）。

森は全体を一望する位置に立ってドゥオモの方を見ている。大理石の美しい建物が並んで建ち、秩序があって、また均衡がとれている、と言っている。この文章はうまい。読者を景色の全体に導き、見通しを与えている。感覚的な見事な文章であると思う。この文章の後に、他の土地の建物との比較をする。

「フィレンツェ、ヴェニス、ローマ、ミラノなどの素晴らしい芸術的構想の上に立つ大都会に対して、ピザの人々は、その質のよさということで、この小都市を対抗させようとしたかのようだ」

（右同、23頁）。

ここで読者の視点も森と一緒に広がり、イタリア全土の中の大きな都市の教会と比べることができるのだ。その違いは、目の前にある教会の建物は質が良い、という比較を聞きながら想像することができる。また、「ビザンツ式、アラビヤ式、ロマン式、ゴチック式、その当時、人々が知っていたあらゆる様式を有機的に組み合せて、この大きな建築を構成したように思われる」と述べる。「教会には歴史的にいろいろの様式があるのだ」「また地域によっても違うのだ」ということを読者に教えてくれる。これもうまい導入である。読者の視野も広がる。これから、少しずつ教会を眺めることになる。それにしても、森がさまざまな建築様式に詳しいことには驚かされる。

「バティステールの複雑な美しさ。その円柱、ビザンツ風の柱頭の細かい彫り、同じロマネスクながら上下に夫々異なる構造の外壁が、美しい三段の帯のように巻いている。斜塔の傾きの美しさ。私はこの広場の中に立って、この三つの白亜の建物をあかずに眺めた」（右同、23頁）。

まだ、森は教会の外の広場に立って、全体を眺め、ドゥオモの入り口のところの彫刻を眺めている。そして森は次の連想というか、感想を述べる。今度は歴史的な見方を示してくれる。この感想と連想も森独特のものである。

「それは EXTÉRIORITÉ 又は APPARENCE そのものの美しさだ。これは美が、人間の内面とは関係なしに、それ自体で結晶したものだ。それは人間の魂ではなく、都市の富裕と強大さとの誇示だ。しかしそういう理窟をはなれて、それらはそれ自体で何という美しさだろう」（右同、23頁）。

フランス語のエクステリオリテやアパランスとは、外観、外見という意味である。建物の外見の物理的な状態を描いているのだが、なぜここでフランス語が出るのだろう。森の中では、日本語とフランス語とが等価的になり、日本語で表現するより、実感があるのだろうか。建物の外観は人間の内面とは関係ないのだろうか。森は富や裕福さ自体が美を生み出すことができると言う。そうだろうか。いろいろのことを読者に考えさせながら、森は読者を少し挑発しているようにも思われる。そしてここからヨーロッパの時代、ルネサンスの時代にまで遡って問題を提起する。

「僕はここで、イタリア・ルネサンスの芸術の一つの標本を見たように思った。それはまたある意味で実にヨーロッパ的現象だ。あのパリのコンコルドの広場、シャン・ゼリゼー、マドリッドのプエルタ・デル・ソル、カンヌの海岸通りに並ぶ大ホテル、そういうもののもつ、ヨーロッパの壮大と緻密と、精神の活力と、外面の美しさと、そういうものに共通した何かを表わしている。君はいつか、レコードでシンフォニーをききながら、これはヨーロッパという感じだと言ったが、あの感じに似たあるものが、ここにはあった」（右同、23頁）。

ここで森は、ようやくカテドラルの内部に入っていく。ここまで森は、教会を遠くから眺め、それを欧州の他の教会と比べながら考え、そして少しずつ近づいて、近くから外観を眺める。そしてそこでまた、欧州の教会と比べる。まるで、密度の濃い講義を聞いているようである。

「カテドラルの内部は、モザイクや壁画で美しく飾られ、ヴィトロー（焼絵ガラス）も決して悪くない。フランスの教会に比べてはるかに絢爛としているが、スペインの教会に較べるとお話にならないほど感じが明るい。バティステールの内部を見てから、ドゥオモのアプシードをまわって、裏手のカンポ・サントの修道院の方へ行った」（右同、23頁）。

ここの文章も簡単に言われると、ついて行けない。内部に入った森は、壁画やヴィトローを見ている。明るさが印象的のようだ。内部についての感想はわりとあっさりしている。森はドゥオモにいて、「内的な心の景色」を見ている。ヨーロッパを旅して印象的だった経験を語っているのだ。それはまた、音楽にも及んでいる。構築物は音楽のシンフォニーの強固な構造とも通底するものを見出しているのである。

これは奥の深い、魅力的な記述になっている。話のスケールが大きい。森の背後にある経験の深さや広がりが、このような場所で見事に展開している。そして私たちが想像にふけろうとすると、ふと現実に戻る。「空は曇って、雲が低くたれていた。少し時雨れてきた」。現実に見ている環境と内的な想像的世界とが行ったり、来たりしている。

「僧院は戦争で破壊され、最近外面の修理はできたが、内部の有名なゴッゾリ、オルカーニャ、その他の大壁画は砲弾でばらばらになり、一部は修理して傍の側堂の中に置いてあるが、カンポ・サント（墓場）そのものは、白いゴチックの石柱の並ぶ寒々とした大広間になってしまっている」（右同、24頁）。

ここにはまだ戦争の足跡が生々しく残っていることを見事に記述している。ゴッゾリやオルカーニャの壁画があることを何で調べたのだろうか。教会の案内か歴史の文書か、パンフレットで確かめたのだろうか。それとも、分厚いミシュランのガイドブックで確かめたのだろうか。ともかく具体的である。よく名前も覚えていて、読者としては「そうか、そうだったのか」という感慨をもって読める文章である。このような感覚的な文章になると、森は見事な記述の手法の能力を発揮する。そしてこれらの建築様式はまた、フランス北部を含む欧州北部の地域のフラマンやフランスの教会や僧院と比較されて説明されていく。歴史の勉強をさせられているという感じにもなる。

森はヨーロッパの歴史を見据えようとしていることがわかる。「理解する」「わかる」ということが、このように現実の建築物、そしてその様式の歴史、また地域、国や文化による違いを、森は味わい尽くそうとしているように感じられる。これは一介の旅行者の仕事ではなく、はっきりと観察の目的をもった人の手記である。

こうなると、森の内的な想像力の展開は次第に加速していく。

「この僧院（といっても実は墓場なのだが）の廻廊のフランボワイヤン式ゴチックの柱とアーチの繊細な美しさはどうだろう。純粋に洗練された、この『形の美しさ』は、スペイン、フラマン、またフランスの教会や僧院でさえも容易に見出しがたい。僕がここで『形の美しさ』と特に言うのは、形そのものがそれ自体で完結した美しさをもっているということなのだ。……それは、この場合だけではなく、イタリアのルネサンスというもののもつ美しさに共通しているあるものなのだ。人はその時スペインの美しさをひきあいに出すかも知れない」

(右同、24頁)。

そしてここからは森の中にある、美に関する比較文化的な観察が展開する。これは肉感的な世界の話にまで突き進む。

「スペインの美しさは、同じく極めて感覚的でありながら、イタリア的な美とは非常に異なると思うのだ。スペインでは魂あるいは精神が感覚そのものとなって、感覚の中にしみ通っているのだ。それは感覚と化した精神の美しさなのだ。グレコの画の美しさはそこにある。スペインの音楽やダンスの美しさがそこにある」

(右同、24頁)。

これはまた興味深い。グレコはギリシャ人として生まれ、本名はドメニコス・テオトコプーロスと言う。ギリシャ人という意味の「グレコ」という名前を背負い、イタリアを経由してスペイン、ことにトレドに定着した画家である。その彼がスペインの代表ということなのだろうか。グレコはフィレンツェで当時新しい手法とされていたマニエリスムのスタイルを採用して成功した。マニエリスムとは、写実的というより、手足や体躯の比率が引き延ばされた心情的というか、幻想的な手法である。森がこのような絵の中にスペインの魂を感じとっていることが興味深い。

また、森は情熱的なフラメンコのダンスや歌をスペイン的と言う。北アフリカのイスラム系の音楽を中心としていたヒターノを基盤として、スペインに入って、ジプシーに受け継がれ、次第にスペインに受け入れられ、スペインを代表する歌と踊りになっている。「感覚と化した精神の美しさ」という森の表現に、グレコやフラメンコのダンスや歌が当てはまるかどうかわからないが、印象的ではある。もう少し森の話を聞いてみよう。ここから森の感覚は次第に肉感的なものになっていく。

「イタリアの美を広く社交界の美人の美にたとえるならば、スペインの美は、恋人が恋人に対して感ずる美なのだ。またスペインの美は内面的で、閉鎖的だ。そこでは宗教上の神秘主義までがまるで恋愛のようだ」（右同、24頁）。

「美」の譬えとして、「社交界の美人の美」と「恋人が恋人に対して感じる美」とは何だろう。譬えとしては、やや意表を突くというか、日常的に過ぎる感じがする。社交界の美とは、外から見て多くの人が「美しいな」と同意するような、一般的な美の基準を満たしているような美しさだ。これに対して「恋人の美」というのは、「あばたもえくぼ」というように、個人的に深い思い入れを誘うような美しさという意味をこめて言っているのだろうか。森には時々、感想として突然「女性」が出てきたり、また、「女性に対する性的な印象」が出てくることがあって、少し文脈を逸脱しているのではないかと思われて興味深いところである。

その例として次の話もある。これは神への祈りが本当に肉感的になされていることの例である。宗教的な礼拝も情熱的、肉感的であることが興味深い。森の独特の関心にも、その博学さにも興味がわいてくる。

「君はスペインの神秘家のサン・ジャン・ド・ラ・クロワ（十字架のヨハネ）という人の詩を知っているだろうか。これはもっとも熱烈な恋歌でさえも、なかなかうたえないほどの激烈な恋情を神に向ってうたっている。しかし、このカンポ・サントの大理石のアーチと柱列との美しさは、もっと明るい昼間の美しさだ。サン・ジャン・ド・ラ・クロワの魂の密室、暗夜の密会の内密な美しさはここには全くない。イタリアでは聖人でさえ、小鳥と語ったり、民衆の中に出ていく」

（右同、24頁）。

最後のところに記されたイタリアの聖人は、アッシジのサン・フランシスコが小鳥と話をしたという逸話である。これはよく知られている。森はもうすでにアッシジに行った経験があるのだろうか。そんな逸話のあることぐらいは、森のようにクリスチャンなら言わなくともわかっているよね、と言っているのかもしれない。森の教会との対話は、このように全感覚を使い、またすべての知識を動員してなされている。それまでの森になかったものであり、また書簡という形式《スタイル》をとったことによる特徴でもある。森の本音が表現されやすくなり、自在な感覚がほとばしって出るという感じが生まれている。

ここからまた教会の回廊に戻って、観察を続ける。

「西側の廻廊に、一人の女の像がある。INCONSOLATA（Inconsolée）（注：悲嘆、慰めることのできないもの）と題した作品だ。この題と女の像は僕の心をうった。墓場だからおいたのだろうが、この女はもう死に境を置かれていて、とりかえしのつかなくなった時を実に深く感じさせる」

（右同、24頁）。

森にこの女性の像とその題名が目に留まった。「とりかえしのつかなくなった時を実に深く感じさせる」と言う。そしてこの像は森が喪ったものへと内面に進むきっかけになる。深く内面と対話をしていく森の姿勢も印象的である。まさに、精神分析の自由連想の醍醐味を体験している感じになる。喪失の体験についての森の深い洞察の言葉が次に出てくる。

「とりかえしがつかない、というのは、自分のことではなくて、自分が喪った相手のことを言うのだ。人間はだれでも自分を愛し、自分がとりかえしのつかないようになるのを恐れる。しかし死が感ぜられるのは他人の死だけなのだ。死人は何も感じはしないのだ。僕はこの手紙を君に書いている。……そしてそれは僕が自ら自分の心を慰めるためなのだ。……」

（右同、24-25頁）。

内的に頼りにしている人を喪《うしな》うことが、とりかえしのつかないことであり、自分が求めているのは生き生きとした関係と内的な慰めである。森はそれを書簡に求め、またこれまでの人間関係にも求めていた。しかし、得られるものは少なかったという内面の経験を述べている。これらはフランスにやってくるまで続いていたことを記している。

カンポ・サントの前に立って、森は深い、しかも、遠い過去の子ども時代からの自分の生活を思い出していたのであった。イタリアのルネサンス時代の明るい美と快楽との追求は、この死と地獄との恐怖にたえず裏づけられていたのだ。ダンテの『神曲』はその証拠である、と言うのである。

印象的な記述であり、森の連想が自分の人生全体の主題として出ていることも印象に残る。森が取り組もうしているものが、教会という建築でありながら、それを自分の全人生との関連でとらえようとする姿は、森の新しい哲学への姿勢と言うことができるのではないだろうか。そしてものの見方も、作者の魂まで届く目で見ていることが印象的である。それを次のように述べている。

「側堂の真中にジョヴァンニ・ピザーノが象牙に彫った一尺五寸（注：約四五センチ）ばかりの聖母と幼いイエスとの像がある。その流れる線の美しさ。聖母は身をそらせている。そしてくびを前につき出している。ピザの国立博物館にあるたくさんのピザーノの像は、みな同じような姿勢をしている。……それは他の何ものではなく、ただジョヴァンニの魂のエランの影なのだ。自分の魂のエランをスティルにまで結晶させて表わすことのできた芸術家は幸福である」（右同、25頁）。

森は目の前の聖母子像のみでなく、博物館で見た同じような彫刻を想像している。博物館にも出かけて見てきているのだ。そして、そこに作者ジョヴァンニ・ピザーノの魂のエラン、高揚、輝きを見ているのである。森は対象の像を見ることにおいて、また教会を見ることによって、自分の深い内面、過去、文明の過去、歴史を幾重にもわたって行き来しながら、教会の中を歩いているように見える。このような書簡や手記をこれまで日本の中で、誰が書くことができただろうか。

そしてまた、森はピザの町のたたずまいに戻る。アルノー川の川岸をとぼとぼと歩きながら、町を見ている。このアルノーの東百キロ遡ると、書簡が記しているフィレンツェにつながっているのである。森はここで百キロ下流のピザの教会に思いを馳せている。ピザの町は眠っているように静かである。低く垂れた灰色の雲から、時雨れがおちている。水の上にも、周囲の黄色い家の上にもおちている。

「僕はいったい何のために、ここを、こうして歩いているのか、……僕は誰かに何かを話したかった。一人では堪え切れないような気がした。……僕は歩かなければならなかった。足は痛んできたし、雨もだんだんはげしくなった。誰か自転車で向うからやって来て側を通りすぎた。犬が一匹こっちを見た。犬はしっぽをちょっとふってすぐ止めた。僕は少し下って、停留所の方へまがった」（右同、26頁）。

この最後の文章は不思議なものである。これは映画のシーンを見るような美しい文章であり、視覚的に映像が浮かぶように描かれている。森の隠された映像の作家としての一面と言うことができるかもしれない。森はパリの町を歩くときにも、時々このような映像的な描き方をする。美しい街並みを眺めているというより、いつの間にか映画の主人公になっているような記述の仕方である。小説的世界である。森の文章を読むとき、私は読者として時々、この映像に惹かれながら、森と一緒に歩く体験をするのである。これは書簡の内容を超え、書簡の形式を逸脱していると言ってもよいだろう。

ここでは森の生来持っている文筆の才能が、少しずつ開花しているとみることができる。これはエッセーとしての生成の場から、経験を語るというのとは異なった森の写実的で、文学的な才能が生まれ出ようとしている断片としてみることができるだろう。

次に森が教会について具体的に接近しているのは、三月三〇日という日付のところに記されている文章である。ここでは教会の歴史的様式や意義について述べている。

「この頃、僕は、カテドラルや教会だけに限って言ってみても、その特殊な相貌が少しずつゆがみ、ぼやけ、霞んでゆくのを感じている。そして『カテドラルというもの』が、僕の魂の中で一つの径路を辿って、カロランジアンからロマンへ、ロマンからゴチックへ、ゴチックからルネサンスへと、おもむろに変貌してゆくのを感ずる。僕はロマネスク、すなわちロマン様式の教会がたまらなくすきだった。その最高潮はスペインのセゴヴィアとアヴィラの町にあるひなびたロマン様式の教会だった」（右同、93頁）。

カロランジアンとは、八世紀から一〇世紀に栄えたカロリング王朝の建築様式が西欧に広がったものである。その時代を引き継いで、ロマン様式がある。一〇世紀から一二世紀にかけて、西欧で拡がったものであり、入り口の半円形のアーチ形に特徴があった。その後、一二世紀から一六世紀にかけて様式はゴシックに引き継がれていく。森にとってパリの象徴的な存在のノートル・ダム寺院はゴシック様式を体現している。

ここで森は自分がロマン様式の教会に惹かれる理由を次のように述べる。

「なぜロマンが厚い壁にかこまれ、小さい窓しかあけていないか、ということにだんだん気がついて来た。……その中にかこまれていたキリスト教が、すなわち一つの精神が、だんだん成長し、世界を征服し、自分を外界と区別しなくてもよいところまで発展してゆくのを見た。ついこの間、クロヴィス街で、サン・テティエンヌ・デュ・モン教会の側を通りながら、その壁面全体に拡がるフランボワイアン式の窓と、壁を支える迫持構石《アルク・ブータン》を見たときにも、僕はふとそう思った。……」

（右同、93頁）。

森は教会の様式が、その精神と切り離すことができないことを実感として感じ取っていることがわかる。フランボワイアン式というのは、炎という意味で、窓の上部の飾りが炎を思わせる曲線を示していることから名づけられた。ゴシック様式の特徴のひとつである。森は教会建築の歴史の中で、ゴシック、ルネサンスを含め、すべての教会建築が、外形ではなく、その精神の純粋形に還元されるのだ、という実感を持つのである。これは森の大きな洞察のようなものであった。そしてここでも独特の感覚をもって次のように語られる。

「すべての人間が『人間』にかえってゆくように。すべての男が自分の母の面影をすべての女性の中に求め、『人間』そのものに到達するように、僕はすべての教会の姿の中に、僕を生み出したものを求めていたに違いないのだ」

（右同、93-94頁）。

この告白は、まるで精神分析の自由連想の一コマと言ってもよい。ただ、明治生まれの森の男性中心主義の発想も混ざりながら語られている。精神分析で話題とするものと同質的な精神的レベルの主題が語られ、しかもそれは人間の、あるいは人類の普遍的な主題につながっているものだと思われる。この世界に達すると、森の思考はどんどん精神の深い層での内的な対話が可能になり、さらに深い層での展開になる。

＊サン・ドニ教会への訪問

四月一日の日付になっている書簡では、森はパリの郊外のサン・ドニ教会を訪れている。この教会もゴシック様式として知られている。これまでも何度か来ている教会である。復活祭の晩禱の最中なのに、うらぶれてしまった教会には、合唱席に二名の老人がいるだけだった。それは悲しい。歌われている讃美歌は、三〇年の昔、森が九段の聖堂で聞いたものと同じであり、森をこの時代に引き戻してしまう。また、一二世紀につくられた外陣のヴィトロー（焼絵ガラス）を見て、その美しさに驚く。自分はこんな貴族的な美しさに気づいていなかった。何度もこの教会に来ているのに。ここのヴィトローの金色に縁どられた深い青の美しさにこれまで気がつかなかった。気づいてよく見ると、これはパリ郊外のシャルトルのカテドラルの内陣にも、ベルギーのブルージュにあるカテドラルの内陣にもない美しさであった。教会全体も美しいのだ。「一つのものの本質をしるのが、どんなに忍耐と時間とを要することかをしみじみと思った」と森は書くのである。今回のサン・ドニ教会への訪問が、森の内的な深まりと、それを感じて受け止める深さが違ってきていることを森は感じとっている。この森の姿が印象的に記されている。

森はさらに自分の外界を受容していく感覚の変化を次のように述べている。

「フランスの教会の姿が僕にとって次第にぼやけ、透明化してくるにつれて、僕の感覚は逆に生々として、対象の細部と全体とを見ることができるようになったのであろう。精神が本質を直視することができるようになるにつれて、精神の代用までつとめていたことからかえって解放されて自由になった感覚は、生々として無碍に活動できるようになったのであろう。そしてそれは逆に主体としての人間の構造をも明らかにする。僕は自分自身にゆとりができ、落ついてものを考えることができるようになるとともに、もっと敏感に外部に反応できるようになってきたような気がする」

（右同、94頁）。

それは何だろうか。まだ言葉にはできないが漠然と自分の中に新しい地平が開けてきているという感覚であった。具体的に言うと、森にとって、それは「過去が徐々に現在の中に逆流しはじめ、将来の道まで規定しそうに思われる」ことである。それはかすかに過去を思い浮かべるのではなく、過去そのものが自分の中に再び流れ込んできて、意味のないものと重要なものを選別するということである、と言う。そしてそれは、時間を超える「自己の同一性」「経験の唯一性」を手に触れるように意識する感覚である。

これはすごい洞察だと私は思う。私が精神分析の中で展開することを期待しているプロセスを、森は一人で苦労しながら、このような認識に達したことを語っている。精神分析の中でも、このような展開がみられるのに数年という長い時間を必要とするのである。森のこのような経験の過程が精神分析家や心理臨床家でなく、哲学者の内的な思考過程や経験過程であるということが印象的である。また、そのプロセスを言葉で描くことは、至難のことと思う。それをここで示してくれているのだ。

森は「過去が逆流する」ということを次のように言っている。それは過去が単に現われてくるというのではない、静的な状態ではなく、「自分そのもの」の過去が逆流し、自分がふるいにかけられるような出来事である。中心的、本質的なものが残される。そのプロセスは知的に判断することではなく、過去の経験自体が、それ自体で裁判を行っていく事態となるのであった。そしてそれぞれの位置、大事なもの、貴重なもの、愛すべきもの、憎むべきもの、としてむき出しのまま示されることになるのである。この記述は深い真正の自己《オーセンティック・セルフ》の経験のプロセスを示していると思う。私の精神分析関係の中でも、心理臨床の活動の中でも、心の展開がまさに、その通りであるから、森の記述に私は納得することができるのである。

ここで私は、この本『バビロンの流れのほとりにて』の冒頭に森が言っていることをようやく理解できると思った。初めて本の冒頭の文章を読んだ時に、少し奇異な感じがした。まとまりすぎており、一種の箴言のようになっている。これは森が、他の哲学者の誰かから引用してきたのだろう。そうであれば、なぜ引用した人の名前を書かないのだろうか。一〇月八日に書き始められた日記体的な書簡のはじめの言葉は、半年後の四月一日の日付で書かれている内容と見事に呼応している。そのようにみると、すでに半年前には、このようなクリアなアイディアを、森は得ていたのだということが深く印象に残った。この文章の謎が解けたような気がした。

まず、念のためにその文章を少し長いが引用しておきたい。

「一つの生涯というものは、その過程を営む、生命の稚い日に、すでに、その本質において、残るところなく、露われているのではないだろうか。僕は現在を反省し、また幼年時代を回顧するとき、そう信ぜざるをえない。この確からしい事柄は、悲痛であると同時に、限りなく慰めに充ちている。君はこのことをどう考えるだろうか。ヨーロッパの精神が、その行き尽くしたはてに、いつもそこに立ちかえる、ギリシアの神話や旧約聖書の中では、神殿の巫女たちや予言者たちが、将来栄光をうけたり、悲劇的な運命を辿ったりする人々について、予言をしていることを君も知っていることと思う。稚い生命の中に、ある本質的な意味で、すでにその人の生涯全部が含まれ、さらに顕われてさえいるのでないとしたら、どうしてこういうことが可能だったのだろうか。またそれが古い記録を綴った人々の心を惹いたのだろうか。……そのことはやがて、秘かに、あるいは明らかに、露われるだろう。いな露われざるをえないだろう。そして人はその人自身の死を死ぬことができるだろう。またその時、人は死を恐れない」

（右同、３頁）。

予言的というか、あるいは箴言的というか、森が予感し、やがて言葉にすることができた洞察が、見事な文章になって表現されている。それは死ぬことも覚悟のうえの洞察であった。森が最晩年に、二宮正之とドゥリアーズとの食事をしている描写（二宮正之『私の中のシャルトル』）を読んだ時に、森の姿はこの文章と呼応していると思ったのである。生死を超えた森が悠然と食事をしていた場面は、悲壮であったが、また見事にすべてを超越していたのだった。

参考文献

二宮正之（二〇〇〇）：『私の中のシャルトル』ちくま学芸文庫　筑摩書房

森　有正（一九六七）：『バビロンの流れのほとりにて』筑摩書房

第六章

森の音楽修行と私の心理療法の訓練

〈対話篇〉

＊森の音楽修行についての洞察

森は九歳のときに、母からピアノを学び始めて、その後パイプオルガンに代えて、生涯オルガンを弾いていた。このことについてはすでに述べた。時間の許す限り、森はオルガンを探して弾いた。第二次大戦のときも、また戦後パリに住んだときも、また一九六八年以降、毎年大学で集中講義や講演をするために日本に帰るようになったが、この滞在期間にもオルガンを探して練習に励んだ。

日本での集中講義を引き受けるときは、大学や近くにオルガンがあることが条件になっていると思われるほど、早朝に二、三時間の練習をしたと述べている。森にとって、オルガンは生涯にわたって生活の一部として、なくてはならないものであった。

森の練習するのは主にバッハのオルガン曲だった。他の作曲家の曲にはそれほど深い関心を示していない。この点は森がカトリック系の暁星校で、礼拝にいつもグレゴリアン・チャントをオルガンで聞いていたことと関係があるのではないだろうか。また、森自身はプロテスタントのクリスチャンであり、バッハのオルガン曲は教会でよく聞いていたこととも関係があるかもしれない。

また、森はエッセーの中で、時々オルガンの練習について述べている。これらの記述はカウンセリングや心理療法の訓練にあたっている筆者にとっては、内的なプロセスを記述する貴重なものに思われる。私が森に関心を持ったのは、はじめはこの点からだった。このことは「序」でも述べた。この章では、森の語っているオルガンの練習とカウンセリング・心理療法の訓練のプロセスとの同質性（そこに働いている経験の性質が同じである）、同型性（大きさは違うが、形は同じである）について考察してみたい。

＊森の記述

森は一九七〇年に発表した『雑木林の中の反省』（「エッセー集成5」、14-19頁）の中で、かなり詳しくこの点について次のように述べている。

「東京・三鷹（引用者注：国際基督教大学）のオルガンの練習はパリのステュディオでの練習の継続であった。最初は緩っくり奏いてみて、むつかしいところや奏きにくいところをマークして置く。段々早く奏きながら、それとは別に難所を何度も練習し直す。曲は、少しずつ滑らかに奏けるようになりながら、その全体の構造を露わし始める。そうなると今度は、曲全体の方が主導的となり、難所は進行の中に融合し、解消し始める。これは練習過程の中で一番楽しい瞬間の一つである（15頁）。

森が、オルガンの音と曲が次第に立ち上がっていく姿を美しく描き、この瞬間が楽しいときであるというのは印象に残る。森がオルガンの音と楽曲に示す歓びが伝わってくる。さて、以下の文章で森は自分の練習の手順を解析していく。まず、森の文章を引用し、その後、この文章に、私が森との対話を試みてみたいと思う。対話というより、モノローグに近いかもしれないが。私の発言は〈　〉で示している。

森は述べている。

「私が練習したプレリュードとフーガは、プレリュードが二百五小節、三つのテーマをもつ大フーガは百十九小節、計三百二十四小節を含む長大な一篇であり、『音楽によるキリスト教理』と題する曲集の劈頭にプレリュードが置かれ、フーガは曲集の最後を締めくくるように、前後に曲集を挟んで分割配置されているが、バッハの全オルガン曲集の中では、プレリュードとフーガは一つに纏められている」。（「エッセー集成5」、16頁）

森が読むのは、バッハが作曲した楽譜である。これを間違いなく読み取り、読み取った通りにオルガンの鍵盤を弾いて音を出すのが仕事である。これはやさしいようで難しい。ことにバッハが言うように、「楽譜通りに弾け」というのが大変なことである。森は苦労する。森は教えを受けるスーパーヴァイザー（専門のオルガニストの先生）に演奏を聞いてもらう。

〈この文章を読んで、私の仕事（心理療法）の中に、似た経験のプロセスがあると思います〉。

私の仕事は精神分析を基本とした心理療法である。目の前には一人のクライエントさんがいる。「楽譜通りに弾く」ように、私の方は「クライエントの話を、相手が思いを込めて話をするのを、相手が話したいように聞く」ということである。森と同じく、それは簡単なことではない。森も苦労をしている。セラピストとしても苦労するところである。

〈森さんは自分の演奏を先生（スーパーヴァイザー）に聞いてもらった後に、先生から何を指摘されたか、問題が何かということを、具体的に並べていますね。これはすごいと思います〉。

「なんとなく、おかしい」「私の感覚と違う」「私の言う通りに弾いていない。不十分である」「もう少し頑張りなさい」といった主観的、また感情的な批評の言葉はまったくない。次にあるように箇条書きされていて、きっちりとした批判と問題の指摘である。これはかなり経験がないとできない。経験がないと、「よくできていると思います」といった、批評的な感想とか、「もう少し頑張ってください」といった、励ましというかたちをとることが多い。

森のスーパーヴァイザーが指摘したものが次に並べられている（イ）から（ヘ）までの六点である。技術についての指摘である。細かいこともしっかり指摘されている。専門家らしい指摘である。よくわかっていなければ、指摘できないような内容が述べられている。

〈これはまったく素人《しろうと》の練習に、先生が注文や問題を指摘しているのではないですね。かなり熟練したオルガンの演奏家に対して述べている言葉です。それを受けとめているのが森さんですね。大したものですね〉。

全体を演奏して先生から指摘された欠点は、次の通りであった。これを箇条書きにして示してみる。

（イ）　経過句が左手から早くなりすぎること
（ロ）　装飾音の付け方が十分でないこと
（ハ）　各楽章の終結部のラレンタンドが早すぎること
（ニ）　付点音符による延長が不十分であること、すなわち次の補足音が早く出すぎること
（ホ）　フーガの部分に音符の誤読が二カ所あったこと
（ヘ）　指使いの間違いがフーガの中間部に一つあったこと

である。

そして森は次のように述べている。

「最後の（ホ）と（ヘ）は楽譜の誤読上、あるいは演奏技術上の実質的誤りであり、即座に修正することは出来たが、（イ）（ロ）（ハ）（ニ）の四つはもっと深いところから出ている誤りで、私の性格の根底にまで喰いいっているものである。この曲は二十年ほど前に一度奏いたことがあったが、状態は全く同じであったと思われる」。

（エッセー集成5、16頁）

〈「性格の根底まで喰いいっている」というのは、かなり厳しい言葉ですね。しかし、実感があります。しかも、単に練習の繰り返しでは片づかないということの自覚も鋭いと思います。二〇年も前にも、同じ失敗をしているのですか。現在も変わっていないということは、人間の性《さが》ではあるが、認識としては正しいのではないでしょうか。でも、これを修正するために、何かアイディアはありますか〉。

ここで森は、（ホ）（ヘ）の間違いの指摘は「誤読」と「指使い」の間違いであったので、すぐに修正することができた。心理療法でいうと、「クライエントの言葉の内容の聞き違い」「言葉使いがやや乱暴」といったようなことであり、少し意識して注意すれば、直せることである。

しかし、（イ）から（ニ）までの指摘には、奏者の人格的な「もっと深いところ」から出ている誤りであり、「奏者の個人的な性格の根底にまで喰いいっているものである」と森は言う。これは深い洞察のように思われる。ところで個人的な「性格の根底」とは、どんなことだろうか。性格の中に滲みこんでいる深い襞のようなもので、意識的な注目や注意ぐらいでは解決できないということだろうか。興味深い指摘である。これは私の心理療法でも問題にするような、その人の性格的な問題に関連している行動ということだろうか。

挿入的であるが、森が書いている「音楽と私」の文章（「全集5」、375-376頁）の中に、似たような体験が書かれている。森はオルガンを他の人にも、時々聞かせていた。あるとき、パリのレンヌ街にあるスタジオに高田博厚を招いて、練習を聞かせた。バッハのコラール前奏曲であった。高田は終わって深いため息をついて次のようにひとこと言ったという。「これは君の心の窓だね」「君の演奏にこういう衝動的なものがあるとは思わなかった」。これに対する森の感想は次のようであった。

「私の演奏が衝動的なものを感じさせるということは、私の音楽のみならず、私の存在全体に対する深い批判を蔵している。バッハの音楽はその本質において、衝動的なものから最も遠い音楽である。……衝動的なもの、あるいは感情的な動きが直接に反映するのは、テンポの緩急を通じてしかあり得ない。……高田さんが衝動的と言われたのは、……テンポが私の演奏の場合、アクセレレートする傾向を指摘されたのであって、それは私の演奏に対する根本的な批判なのである。私はずっと以前から、この点をオルガンの先生たちから注意されていた。

……これは単に私の腕や手だけの問題であろうか。幼い時からの経験によると、こういうアクセレレートする傾向は、私の存在の多くの面にあらわれているように思われる。たとえば私があるものを感覚する場合、その感覚は対象のおよぼす刺激によって限定される以上に、想像によって強化される傾向をもっている。……以上のことはさらに感覚のみならず、想像・判断・会話などにおいて、それらが進行をはじめると、それ自体の自己運動によって自動的に誇張されてゆく傾向を持っている。こういうことは私という一つの経験の体系における根本的な不均衡を指示していないであろうか」。（「全集5」、376-378頁）

これらの文章からは、オルガンの先生や高田の指摘も鋭いが、森もしっかり受けとめて、それを自分の性格にまで深めて理解しようとしていることがうかがえる。ただ、洞察や理解が深まると行動が変わるかということと、それは別のことであるが……。

〈森さん、心理療法の場合にも、同じ現象が起こっていると思います。少し説明させてください〉。

心理療法のセラピストが、相手の話を「じっくり聞かないで、早く反応してしまう」「じっくりと言葉を選んで反応することができない」「聞いているとイライラする」「聞いていると気が散ってしまう」などの事態が起こる。森の言う、曲の「ラレンタンド」というのは、音楽用語のイタリア語で、曲の終わりに近く、次第に音の流れを遅くしていくということである。それが気づかないうちに早く起こってしまう、という指摘であった。しかも、意識して注意するという程度では、簡単に修正できないということを言っている。

心理療法でのラレンタンドとは、どんな状況だろうか。ひとまとまりの話が終わって、それを「まとめる」局面に当たるだろう。それまでの話を、大きくまとめていくということである。心理療法では「解釈」という言葉をつかうこともある。細かい行動の特徴や態度ということでなく、話の全体をまとめて「あなたの言うことはわかります」「あなたの言うことは、まとめると、こういうことですよね」という形で、次回の面接につなぐように締めくくるのである。しかし、早合点をして反応し、「さっさと早くまとめてしまう」「事務的にまとめてしまう」ということが起こる。しかも、この点を指導者（スーパーヴァイザー）に指摘されて、自分では納得していても、その場では「そうだ」と思っても、また同じことが繰り返される。なかなか修正ができない。つまり、認識して、意識して直すことができるようなレベルの問題ではなく、もっと深い性格的な次元から出た「癖」とでもいうようなことである。

この点で技法的な指摘をされてもなかなか直らないということを、森は気がついたのである。これは性格的というか、本人の体質に深く滲みこんでいるのだという指摘である。また森もそのように理解している。この理解は正確であると思う。実際に行動していないとわからないことがらである。森は実際に演奏で苦労しているので、よく理解できたのであろう。しかし、理解できたら修正できるかというと、それはなかなか困難なことである。これが森の言う「性格の深処に食い込んだ欠陥」ということではないだろうか。

〈性格に喰いいっている、というのは厳しい言葉です。しかし、実感がありますね。私も面接しているときに、この点を感じることもあります。わかるのは、その日の面接が終わってからですが〉。

心理療法でも同質のものと思われることが起こる。注意していても簡単には変化しない。なかなか気づくことができない癖のようなものである。同じことが語られても、同じように間違って理解してしまうということが起こるのである。これについて技術的な反応の問題ではなく、「敏感に反応してしまう」「性格の深いところから反応してしまっている」という現象である。無意識的にやっている行動である。これには注意深く気づきを連続的に高めることがまず求められる。あるいは、森がスーパーヴァイザーの先生を求めたように、私たちもスーパーヴァイザーに観察してもらうほかない。

〈この点を心理療法について、少し具体的に説明させてください〉。

心理療法では「転移」とか、「逆転移」とか、「エナクトメント」enactmentという言葉でとらえられている。「こころの問題は行動や症状に現れる」というのが、心理療法の考えの前提である。乳幼児期の親子関係の障害というか、ニュアンスの違いが、時々子どもの性格に滲みこんで、それが成人になって症状となったり、対人関係の交流に困難を惹き起こしたりする。自分の性格の問題が、大人になってから、社会的な対人関係、夫婦関係、家族関係など、大事な人間関係に影響を与える。また、仕事関係に支障をきたす。この現象を「転移」transference と呼んでいる。この転移関係の修正は心理療法の中心的な仕事であるが、簡単なことではなく、なかなか難しい問題である。

これは内的な心のプロセスとして、意識しないままに反応してしまうということでもある。だから無意識的反応と呼んでいる。森のこの気づきは鋭い洞察と言うことができる。

〈私は、音楽にも、また哲学の世界にも、あまり関係のない世界、つまり心理療法の世界で仕事をしているのですが、森さんの言う音楽の世界と深く重なり合う出来事が述べられているので驚きました〉。

「技術上の難所と思われた箇所は凡て問題なく合格した。それは一つの習慣の形成であり、習慣の流れが一旦形成されてしまうと、難所はその中に解消してしまうのであって、その解消は、練習の過程中に、指で触れるように判ったと感じ取ることが出来る。

しかし、テンポが正確に保てないことは、私の性格の深処にある欠陥であって、習慣の形成そのものよりも根深いものであると思われる。そしてこれはすでに音楽の練習の領域をこえた私自身の問題である。……バッハは演奏の理想を楽譜に書かれている通りに演奏することである、と言った由であるが、この理想はそこに達する一歩手前で、自己とその克服の問題という深淵を控えている。技巧上の修練がすでに困難極まりないものであるが、この自己克服の問題は、技巧とその習慣化を背後から方向づけるものとして、音楽においては（他の芸術においてもまた）究極のところに現れるのである。それは技巧の修練よりは更に一歩進んだ人間全体を含

む組織の問題を提起するのである」。（「エッセー集成5」、16頁）

「自己克服の問題は、技巧とその習慣化を背後から方向づけるものとして、音楽においては（他の芸術においてもまた）究極のところに現れるのである」という指摘は鋭い。実際に活動している人でないと、気づくことのできない指摘であると思う。これは心理療法の技法においても同じであり、また、クライエントの立ち直りにおいても同じことであると思う。何かを生むという芸術活動や創造的な活動、また職人が作品を産むというような世界には、常にともなっている心の活動のプロセスであろうか。

〈まさに、仰せの通りですね。技術に関するところには領域を越えて共通するものがあるのだということがわかりました。これは新鮮な驚きでした。また、印象に残りました。重要なことと思うので、もう少し説明をお願いします〉。

「ところで技術上の透明化は、こういう人間の問題をのっぴきならないものとして露わして来るが、こうなると演奏の理想として、楽譜に書かれている通りに演奏する、ということは、その透明性の中に、不断の主体の緊張、自己克服の努力、更に言い換えるならば、楽譜に書かれている通りに自己を克服する絶え間のない活動である、ということにある。ここには観念性や空想性は全く入り込む余地がない。自己を克服するその仕方において、各自は自己を形成し、組織するその異なる仕方を表す」。（「エッセー集成5」、17頁）

森はこのようにして、性格的な偏りから解放されて達成された技術というものがあると言う。それが名人たちの演奏である。名人たちは楽譜を読み取り、音の表現の技術として、性格的なものからくる困難さを克服している。

しかもそれぞれの演奏に個性がある。バッハが書いたように弾いて、ミスはまったくなく、「楽譜通り」に弾いている。しかも同じでない。これはどういうことだろうか。

これは個性という言葉で語られていることだろうか。自己に着目した克服過程において、それぞれの問題の違いと克服の違いを意味しているのではないだろうか。そして楽譜の通りに演奏することができた。しかし、問題と克服のプロセスは違っている。少し違った道から山頂に達した。頂上という点では同じでも、そのプロセスがそれぞれの演奏家によって違っている。それが個性ではないだろうか。その人らしい輝き、また個性ということになって表われるのである。これを「個性的」とか、「その人らしい」ということで感じ取るのではないだろうか。

〈個性というのは、演奏が同じでないということですよね。同じでなく、しかも楽譜の読み方にミスがなく、完璧であるということは、そこにまた別の要素があるということですか〉。

これについて森は次のように答えている。

「ヘルムート・ヴァルハとマルセル・デュプレは、あのように異なった仕方で、楽譜に書かれた通りに、奏いているのである。そしてそれらはそれぞれ美しい。しかし、その美しさの中には作曲者の苦労と演奏者の自己克服と、殊にオルガン演奏の場合には、オルガン製作者が不可見の過去として現在しているのではないだろうか。そしてこの完成した演奏はもう、どう動かすべもないものとしてそこにある。あるというのはこういう充実した何ものかである」。

（『エッセー集成5』、17-18頁）

〈森さんが言う「それぞれに美しい」というのは、演奏者の個性ということであると理解できます。確かに違いがあるのでしょうね。心理療法の世界でもあるように思います。少し説明させてください〉。

この個性というのは、心理療法の世界でも同じように現われていると思う。バッハの楽譜に相当する心理療法の世界の楽譜は、「アセスメントとトリートメント」と言うことができる。この「アセスメント（見立て）」と「トリートメント（処方）」には、背景に「フロイト法」「クライン法」「ウィニコット法」「サリヴァン法」といった理論的な大枠がある。バッハがバロック時代のプロテスタント教会のオルガン奏者であった時代と文化を背景に持っているものと同じような、時代と住む国と文化と、臨床の場の違いの中で、見立ての通りに働きかける、つまり「演奏をする」のだと思う。

しかし、心理療法の場合、オルガンという動かない対象を相手にするのではない。セラピストという、ひとりの人が、クライエントという、もうひとりの人の内面に直面するために、働きかけるのである。これは相手が動いている状態のままに、動きながら働きかけるという困難をともなう。譬えが正確かどうかわからないが、源平の戦いの中で、那須与一が動く馬に乗って、海の中に入り、遠くの海に浮かぶ、揺れている船の上の扇の的を射るようなものである。こちらも動き、向こうも動く状態で的を射るということは難しい技である。そして同じように、心理療法の場合も「アセスメント」と「トリートメント」に従って行動をする。

そうであれば、お互いの性格的な深処から出てくる行動や症状を通して、その性格的なものに直面していかねばならないということになる。心理療法の名手にもまた、オルガンの名手と同じく、個性的なものをはっきりと見ることができる。楽譜通りに間違いなく弾くにもかかわらず個性が出るように、心理療法も「アセスメント通り」「トリートメント通り」に対処しても、セラピストによってはっきりとした個性が現われてくる。

〈これは至難の技というか、困難な修行の世界の話のように聞こえます。それでは、どこに着目して、この修行の問題を理解すればよいと、森さんはお考えなのでしょうか〉。

それは経験の「構造化」と言ってもよいようなことである。森はこれを「経験におけるもの」、または「経験がもの化する」と言っている。

＊「もの」ということ

「私は、それを「経験」におけるものと呼ぶ。このものは経験の中だけに現れて来るものである、換言すれば生まれてくるのである。更に換言するならば、ものは過去をもつものとして現在するのである。だから路傍の石ころや雑草がものなのではない。それは経験にとってあってもなくてもよいものであり、従って人間経験においてはものと呼ぶ。このものは経験の中にだけ現れてくるものである」。

（「エッセー集成5」、18頁　傍点強調は原著者）

〈「もの」という言葉が出ました。「もの」は物質的な「モノ」ではないですよね。森さんはが平仮名で「もの」と書く理由についてもう少し説明してください〉。

「もの」とは何か。これは長年の練習と訓練によって、内的にこころの中に、「心的な構造」ができているということを意味している。職人が繰り返し、繰り返して同じ作品を作っていると、次第に製法自体が体に滲みこんで、「体が覚えていて」狂いなく、製品を作ることができる。舞踊であれば、形が決まるような、名人の中につくり上げられている経験の強固な体系のようなものを指している。それは客観性をおびた性質を持っているが、手に触れる「物」（モノ）ではない。しかし、確かな「もの」なのである。私たちもいろいろな場面で、この「もの」の存在を確かめることができる。森は『雑木林の反省』（森、「エッセー集成5」）の中に、この「もの」の例をいくつかあげている。

〈それでは「もの」を具体的な例で教えてくださいませんか。序のところで引用したオルガンの練習で出会った「ソリッドな主観性」という言葉が気になっています〉。

序で引用したものは、「『一般的に練習を毎日続けている自分の中に、一つのメカニズムの体系を組織することが、肝要だ』ということをオルガンの先生が言っていた」（『経験と思想』、88頁）とある。

〈この点をもう少し、丁寧に説明をお願いしたいのですが〉。

「メカニズムというのは、……運指にかんする、砂をかむような、一般的な実践上の法則であって、より無理なく、より効果的に音の組み合わせを演奏することを可能にする組織された体系であって、……肝心なのは、不断の忠実な実践だけである。

……そこで私が身に沁みて経験したことは、客観に徹すれば徹するほど、主観性が確実になる、ということであった。……厳正に客観的に構成されたものの全体に、あるいは全体から、新しい、そうひよわくない、ソリッドな主観性が現れて来る、と言ったらよいだろうか」。

（『経験と思想』、88-91頁　傍点強調は原著者）

私の経験からすると、この話には同感することができる。そしてここで森が言う「ソリッドな主観性」が、「もの」の世界ではないかと思う。

〈そうなると、音楽以外の他の領域の例も、また、考えられるでしょうね〉。

その例の一つとして、森はS氏の作品について述べている。S氏というのは、椎名其二であることは間違いないだろう。椎名については、別の文脈ですでにこの本の中にも取り上げている。ここで森は、椎名の製本作品について語っている。

椎名はまったく妥協を許さない生き方をした厳しい職人だった。そして作り上げた作品は確固とした個性のある立派な作品になっていた。森は何冊かの本の製本を依頼している。そのいくつかの製本作品の中で、森があげているのは、モノ・ヘルツェン氏の『形態学』の製本である。これはことに見事であった。森は時折、「モノ氏の半世紀をかけて書き上げたこの密度の高い創作が、これまた半世紀の経験の果てに、このように慎ましい形に結晶した椎名氏の製本によって装釘された、深い意味のかかったその本を、今でもものというものの象徴のように、手に取って眺める」と述べている。

〈ここでいう「もの」は、椎名の作品を通して感じられる、はっきりした経験を背景にした技術の体系の存在ということですか。確かに、たとえば、陶器などに触れて、名人の作ったものには、何か違う独特の感触があって、作家の佇まいも感じられるということはあります。こんなことでしょうか〉。

森が考えているのは、モノだけではない。社会的な行動の底にあるような世界にも「もの」の世界の支配があると言う。森があげている次の例は、かなり違った、行為する意図や決意についての「もの」の世界のことである。

〈教えてください。どんなことですか。芸術的な作品とか、年期のはいった職人的な仕事ということだけでなく、行動そのものにも、「もの」の世界があるのでしょうか〉。

「もの」の例は、行為の決意や意図について関係しているということである。

森はアパートの貸し借りのことを話題にする。森が自分のアパートとは別に、娘さんのアパートを、友人を介して手に入れた。これで森は二つのアパートを持つことになった。ところがこのアパートを貸してもらいたいというフランス人の友人が現れた。森はその友人と親しかったし、困っているのもわかった。しかし、いろいろのことを考えて断った。森の気持ちとしては、その友人に承諾して貸したい気持ちも十分にあった。しかし、ノンと言った。そのときの自分の心の中で作用したのが、自分がパリに滞在する意味の体系としての「もの」であったと言う。それは自分が、なぜパリに住むのか、なぜ娘と二人の生活をしているのかという、生活についての揺るがない信念のような堅固な理由であった。この堅固さを名づけると「もの」の体系ないし、心的な構造ということになったのであった。

〈何だか、外のことがらとしてみたら関連のないことが語られたように思います。「もの」はことがらが主題ではなく、むしろこころの状態、つまり主動的な決意、主動的な判断がなされているかということに関係がありそうに思われますが……。〉

森はこのように一見関係のないことがらを並べて、「もの」の本質とは何かを説明している。

「私は『経験』におけるもの
の意味を考え、オルガン音楽やS氏の思い出やアパートの話や、一見何の関係もないようにみえる事柄について語った。例をあげれば、この外にも幾つもあげることが出来るであろう。しかし要点は、それらが皆私の日常生活そのものの中から取られているということである。私はそういう思考しか信じない。こういう卑近な事柄を自分の経験に即してさぐって行くと、いつしか過去の偉大な思想家、哲学者の述べているところに逢着するようになる。その助けによって、自分の経験が一層明らかになり、更に深められさえする。

しかし主体は自己の経験、自己にとって唯一の実在、自分で責任のとりうる唯一の主体の経験であって、どんなに偉大ではあっても過去の哲学者や思想家ではない」。（「エッセー集成5」、34頁）

〈これが「もの」の世界であり、主動的な経験の積み重ねられた世界だということですか。森さんの言葉は何か、力強いというか、力がはいっていますね。パリに来るまでと、パリに来てからの森さんの思考、行動は随分違いますね〉。

森は自己の主体によって蓄積される経験について力強く述べている。一九五〇年に、森がパリに来るまで、森は過去の偉大な哲学者や思想家の経験をわがことのように説明していたのではなかっただろうか。それをすべて否定するように、ここでは確信的に、「自分が責任をとりうる唯一の主体的経験の積み重ね」ということを宣言しているのである。

宣言というのは、森自身に対して「私が過去に主張していたこととは違う、この新しい主張が確かなのだ。正しいのだ」とやや悲痛な面持ちで述べているのである。「自己の主体によって蓄積される経験」「自分の責任のとり得る唯一の主体的経験」に森がはっきりとたどり着いたのである。

森は今後、この「経験」を基盤として、自分の哲学、主動的な経験の哲学を構築していくことになる。これは確固とした客観性をおびた「経験の結晶（もの）」の上に立つものであった。これは文化を超え、人類に貢献できる「普遍的な知恵」につながるものであった。その岩盤ともいうべきものを発見したのである。

ようやく新しい出発のスタート・ラインに立った。しかし、悲しいことに、森自身はここで倒れてしまった。

〈森さん、主動的な経験の蓄積によって、それが「もの」の性質をおびているような硬質なものとして蓄積して、そこから自分の「言葉」が生まれ、自分の「声」を発するようになるという洞察は私の心を揺らします。私も似たように感じています。そのことを少し、説明させてください〉。

心理療法では、この主動的な体験からスタートせざるをえない。こころの苦しみを持ってセラピストの前に現れる人達は、セラピストの主動的な、自分のはっきりとした言葉で語られるものを期待している。そこで自分の主動的な言葉が語られないと、クライエントは去っていくだろう。心理療法は始まらないで、中断してしまうことになる。クライエントの問題も悩みも解決はしない。また新しい関係も築くことができない。心理療法を行うセラピストは、森の言う主動的な経験に気づくことに直面させられるのだと言うことができる。

森は自分の経験について直面することの大事さについて、また次のように述べている。

「こういう、自分の経験、言い換えるならば本当の意味での過去を大切にすること、そしてそれのみが自分のすること、自分の言うことに本当の意味をあたえること、それを確立しなければならない。それは個人を重んじることであるけれども、個人主義では決してない。むしろ本当の共感と理解との基礎になるものである……」。

（「エッセー集成5」、35頁）

〈主動的な経験の土台が自分の過去にあるという理解というか、主張は私の心理療法の世界とまったく共通している考えです。すごいですね。どこからこのような発想が出てくるのでしょうか。私たちの過去が私たちの現在の生活を支配しているということは、私もまったく同感です。その通りだと思います〉。

森の言葉は心理療法の本質を表現していると言ってもよい。

心理療法の仕事は、クライエントの過去の世界に直面し、その過去の経験に直面することである。その経験が自分の主動的な経験を土台にして生まれたものではなく、過去の周囲の人たち、ことに重要な他者、父親や母親や兄弟姉妹や親戚の影響を受けて築かれたものである。そして小学時代、中学時代の教師たちの言葉であり、影響である。このような影響の下にある過去の経験を探索し、確かめ、そして自分の目で見直し、そして語ること。つまり、語るための「自分の言葉」「自分の声」を発見し、そのことによって、自分の経験を主動的な自分の言葉に組み替えをしていくという作業が心理療法なのである。

哲学者の行為は、自己の努力によって経験を主動的なものにしていく。そしてそれを言葉にして語る。心理療法では、クライエントの過去が他者からの影響によって覆われ、身動きできなくなったり、苦痛で動けなくなってしまったものを、もう一度、主動的なものへと回転させ、過去から現在までの経験を見直し、組織替えしていく。それを助けるのがセラピストの仕事である。森はこれをひとりで行った。心理療法では、これをセラピストと共に行うのである。

〈森さんの行ったこと、生きたことも、また私が心理療法で行うことも、経験の主動性を取り戻す仕事であり、働きであるということができると思います〉。

とはいえ、森が主張するように、私たちは他者の影響を受けることをゼロにして、自分の純粋な主動的経験をしてゆき、それを基盤にしていくことが可能だろうか。それはきわめて難しく、おそらく不可能であろう。その理由としては、人間としての経験には、常に影響を与える他者が介在する中でしか生きていくことができないからである。

こころの発達の側面を見ると、この点ははっきりする。言葉のない乳幼児が言葉を獲得するのは、周囲の重要な他者からであり、養育者である母親からであり、近くにいる父親からである。日本で、日本人の親の子が、なぜ日本語を話すようになるのだろうか。私は英語を話すのだ、スペイン語を話すのだ、と考えて、英語なり、スペイン語を話すようになるだろうか。それは不可能である。

母子関係や、重要な人物との濃厚な関係の中で、私たちはすべてを受け取って、乳児として成長し、幼児になり、児童になってゆく。その間の影響は決定的であり、はかりしれない。

森が『バビロンの流れのほとりにて』の冒頭で、人の一生は幼児期からの成長の過程で、決まっているのだ、という箴言《アフォリズム》のような意味深い文章も、この経験の蓄積と経験の「もの」を得ていくプロセスとして見ると、納得がいく。

〈私は重要な人物たちの心理的な影響が、私たちの心をつくり、人となり、性格をつくるのだということを説明したいと思います。ご存知のことかもしれませんが、聞いてください。節を改めて書いてみます〉。

*幼児期の意義と被影響性

親子関係、母子関係については、日本に古くから残っている「三つ子の魂、百まで」ということわざがある。幼いときに獲得した性格や行動や考え方は老年まで残っているということを意味する言葉である。この理解に決定的な転換を与えたのは、ローレンツやティンバーゲンの動物行動学の研究であった。これらの研究はこの親子関係の在り方を私たちに衝撃的に示している。

ハイイロガンの子が生まれた時に、ハイイロガンの親でなく、身近にいたローレンツを見て、ハイイロガンの子たちは、親として後をついて歩き、池で泳ぐとことなった。ハイイロガンにとって、初めて接した生き物が自分の母親であり、見習うべきモデルであるという認識であり、行動であった。いろいろの動物で実験しても、似た結果が生まれた。これは何を意味するのだろうか。

幼児にとって、母親や父親の行動、養育の態度や行動、声色、服、家の雰囲気、食物など、すべてのものが影響を与える。それはハイイロガンと同じく親の行動が、こころに「刷り込まれていく」imprinting 過程と大きな差はない。新生児、乳児期という、この時期の影響は言葉以前のものであり、言葉にすることが困難かもしれない。また、サリヴァンは、このような経験の仕方を「プロトタキシックな経験」と言っている。また、イメージはあるが、何を意味しているかわからないような経験の仕方を「パラタクシックな経験」と言っている（サリヴァン、一九五三）。私たちは親や重要な人物の影響を受けて、その行動や性格特徴を刷り込まれてしまう。そして刷り込まれた内的な基準に従って行動せざるをえない。これらの出来事は、主動的な行動をすることが課題になる時期より以前の心の状態である。そのころにすでに、私たちの決定的な行動の基盤ができてくるのである。

これらの行動観察の研究は、精神分析的な研究に引き継がれている。また、フロイトのリビドー発達論的な考えの基盤には、この乳幼児期の原始的な母子関係、父子関係の重要な人間関係のパターンが形成されるという考えである。フロイトの場合は、臨床的経験からの素朴な推測だった。その後、今日まで実際の乳幼児の観察による生態学的な研究が、さまざまな乳児・幼児と母親との影響過程の新しい観察資料を積み重ねている。

「自分であって、自分でない自分」「主動的であろうとするが、主動的でない」自分、主動的な自分を取り戻すためには、どうすればよいのだろうか。成人になっても、乳幼児期の経験と同じような性質をもった行動を繰り返して（再演して enact）、他の人とかかわってしまう。それらを観察し、確認し、そして自分で、その認識のうえに立って、主動的に修正して、自分の行動を選択していくほかはないと思われる。

つまり、森の言うように、「自己」の経験の「もの」的な世界を自分の中に築いていくほかはないのである。それには長い時間が必要である。森はこの経験の「もの」の存在に気づくのに、パリに住み始めて二〇年以上をかけた。つまり、哲学者・思想家の森は「自分」の主動的な「経験」とその「もの」化していくプロセスを発見するのに、二〇年を費やしたと言うことができる。森は経験の「もの」という性質を発見するプロセスが「人生そのもの」だと言う。

〈経験を主動的に得ていくことは、文化に依存している。ある文化では、常に主動的なものが問われるし、ある文化では、逆に主動的であることを隠すような圧力が加わる。忖度という言葉が、流行語になっている国で、森さんはこのことにはっきり気づいていましたね。しかし、この点は別の形で、二項関係論として話し合いましょう。主動的経験の意義という点では、森さんの意見にまったく賛成です。ここでは主動的経験の意義ということについて集中しましょう〉。

私も心理療法の経験に照らして、この点は正確な観察ではないかと思う。心理療法の過程は、セラピストとの長いかかわりの自己の経験の「もの」ないし「行動パターン」の発見のプロセスである。森の言う主動的な自己を取り戻すための活動である。新しい行動をしたとしても、それを自覚しないと、変化を生むことはできない。森がオルガンの練習で苦労したのもそれであった。森はこれを「性格の深いところから出ている」と言っている。これは心理療法を行っている私たちセラピストとほとんど同じところを見ていると言うことができると思う。指摘されなければ気づかない。気かつかなければ、変えることはできない。また、変わることはできない。また、違ったようにうまくオルガンを弾くことも、うまく対人関係で交流を保っていくこともできない。

森は主動的経験にたどりついた。森はこれから長い年月をかけて、この主動的な経験を積み重ね、その中から森の哲学的な思考を構築していくだろう。私のような心理臨床家も、長い年月をかけて、これまでの人生経験と性格に組み込まれた重要な他者の影響過程を明らかにし、日常生活での「偽りの自己」を生む転移の力を最小にし、「自分」という主動的な経験が生まれてくるように活動しているのである。

参考文献

Freud, S. (1916-1917)：*Vorlesungen zur Einfühlung in die Psychoamalyse.* Gesammelte Schriften, 7. Wien: Internationaler Psychoanalytischer Verlag.（懸田克躬・高橋義孝（訳）（一九七一）：『精神分析入門・正』（フロイト著作集１）人文書院）

Freud, S. (1933)：*Neue Folge der Vorlesungen zur Einfühlung in die Psychoamalyse.* Gesammelte Schriften, 12. Wien: Internationaler Psychoanalytischer Verlag.（懸田克躬・高橋義孝（訳）（一九七一）：『精神分析入門・続』（フロイト著作集１）人文書院）

Stern, D. B. (2010): *Partners in thought.* New York, NY: Routledge.

Sullivan, H. S. (1953): *The interpersonal theory of psychiatry.* New York, NY: W. W. Norton.（中井久夫・宮崎隆吉・高木敬三・鑪　幹八郎（訳）（一九九〇）：『精神医学は対人関係論である』みすず書房）

ティンバーゲン、N.（一九八二—一九八三）：日高敏隆・羽田節子（訳）『動物行動学』上下　平凡社（Tinbergen, N. (1932/1972): *The animal in its world: Explorations of an ethologist, Volume 1: Field studies; Vol 2: Laboratory experiments & general papers.* New York, NY: Harvard University Press.)

ローレンツ、K.（一九九八）：日高敏隆（訳）『ソロモンの指環—動物行動学入門』ハヤカワＮＦ文庫　早川書房（Lorenz, K. (1949): *Er redete mit dem Vieh, den Vögeln und den Fischen.* Wien: Dr. G. Borotha-Schoeler. *King Solomon's ring.* London: Methuen.)

森　有正（一九七七）：『経験と思想』岩波書店

森　有正（一九七八）：『森有正エッセー集成５』二宮正之（編）ちくま学芸文庫　筑摩書房

森　有正（一九七九）：『森有正全集５』筑摩書房

第七章

森のひととなり

＊多面的な森

森は多面的な人である。多面的というのは、人とのかかわりの場によって違いのある人、ということである。いろいろと光を反射するような多面体という見方もある。森の場合、対人関係の表層にあるものと深層から語られる言葉の層では、まったく違った思考のプロセスが作用している。表層的には、よく駄洒落や冗談を言い、周囲の人を笑わせる森である。また、親切に世話をしたり、気遣いをしたりする森である。森を頼ってパリに来る人には、パリに住む日本人の誰と話して、どのように気をつけねばならないかということを懇切丁寧に教え、注意をするように促す。このような忠告を受けた人たちは、森の親切に深く感謝している。また、一方で、森は自分を批判する人などには、猜疑心をもって、いつも警戒の目を向けていた。さらに、内面の思考を語るようなところでは、右に述べたような親切心や猜疑心など、まったく示されず、周囲の人々の関心にあまり関係なく、ひたすら自己の内面を内閉的に語り続ける。森の哲学や信仰の領域になると、森はひたすら自分の内面に向き合っていて、周囲の人、また目の前に対面している人に理解してもらうかどうか関心がないように見える。

このような多面的で多層的な森の姿のいくつかを見てみたい。森の心の三つの層については、表1（166頁）を参照していただきたい。

＊表層的対人関係のこころの層

森とのプライベートな関係と森の日常を書いた栃折久美子（『森有正先生のこと』筑摩書房、二〇〇三）は、次のような文章を残している。森から一種独特の曖昧な結婚の申し込みを受けたときに、森の人柄について感想を書いたものである。

「書かれたものだけ読んでいたのでは、私には想像もできなかったような非常識、自分勝手、言動の矛盾、金銭感覚、何もかもひっくるめて見て行きたい」（152頁）。

栃折は筑摩書房で、出版物の装丁を担当する装丁家であった。森の著書のほとんどを装丁し、評判が良かった。森が日本に定期的に帰ってくるようになると、次第に関係が深まっていく。

この本には、栃折に対する森の独特な対人的な行動が描かれている。ここには書かれている非常識、自分勝手、言動の矛盾、そして金銭感覚のいい加減さが露わに示されている。そのいくつかを見てみたい。

まだ初対面に近い間柄と思われる時期に、森は栃折に、いきなり買い物の依頼をする。フランスから東京に着いたばかりだった。着替えの用意をしていないので、下着の購入をしてほしいと言うのである。紹介されて間もない女性に対して、プライベートの秘書、昔のお手伝いさんの役目のようなことをごく自然に要求する。森の意識には、女性に自分の下着の購入をいきなり依頼するということに、何のためらいも、恥じらいも、栃折への配慮も、迷惑をかけている感じもほとんど見られない。彼の行動を見ていると、ごく当然のことをしているに過ぎないように見える。

また一方で、栃折も、森からのこれらの無頓着で、ぶしつけな依頼を平気で引き受け、しかも完璧に実行してしまう。あたかもむずかる赤ん坊の要求を母親が受けいれているかのようである。この著書に描かれている森の行動を見ると、独特の偏倚《へんい》した人だということを感じさせる。

＊時間感覚

森の時間感覚が、また独特である。

森の帰国や出国には、多くの関係者の送迎がある。その際、空港を発つのに荷物の整理など、なかなか森一人ではできないことが多かった。荷物などの世話をするのは、栃折、辻邦生夫人、妹の関屋綾子などであった。周囲はバタバタと忙しく動いているのだが、森は当然のように、あわてふためくということもなく悠然としている。服装にも無頓着で、たばこの火であちこちに穴が開いているようなものを平気で着ている。周囲の人がどのように思うか、考えているかということにはほとんど無関心である。周囲の人が気づいて用意をしたりすると、「そうですね。有難う」というように、素直に受け入れることが多かった。感謝の気持ちは示されているが、他方、周囲の人に気遣いをさせているということへ、他者への羞恥心というか、不注意な行動に対する自分への含羞といった感覚はほとんど見られない。

森が一九五六年以降、夏休みを利用して日本に帰国することになったのは、国際基督教大学（ＩＣＵ）に集中講義をすることを引き受けたのが契機であった。これらはやがて、学習院や北海道大学などへと広がった。それらの場所での森の世話は、東京大学時代の森の後輩や教え子たちだった。森が練習のために弾くオルガンの世話なども大変だった。しかし、周囲が慌てふためいていても、疲労困憊しても、森はわりと悠然としていて、あまり気にしてはいない。楽し気に周囲の風景を味わったりしている。

また、講演会や座談会となると、森の著書を多く出版している筑摩書房の編集部の担当の人たちが、森の世話をして、いつもてんてこ舞いをすることになる。しかし、森はここでも何事もないように、周囲にあまり関心なく内閉的に自己を語り、経験の哲学について語った。周囲の人が理解しているかどうかも、あまり眼中にないと言ってよい態度であった。他者の視線をまったく意識していないというところがあった。

＊恥ずかしさ、対人的感覚

このような場合、一般に日本人としては内的に引き起こされると思われる羞恥心というか、恥ずかしいという感情、恥の感覚は森にはまったく見られない。対人関係の中で、人に見られているという意識や関心がほとんど見られなかった。森は意識的には、日本人であることに最後までこだわった人であるのだが。対人関係レベルにおける選択的非注意（selective inattention=サリヴァン）が際立っている。後に述べるように、部分的に、まったく関心を示さないというところと、過度に関心が高まるところがある。これを「選択的非注意」と言っている。森有正の場合には、周囲の人の保護的な気遣いによって、「変わった、人と違った魅力的な人」など、優れた人のもっている特徴のひとつとして見られていて、あまり掘り下げて考えられてこなかった。

次の例は、また印象的な風景である。女性の目で印象的に森が描かれている。

親友の劇作家の木下順二を通して知り合った演劇女優の山本安英が、森と三人で食事をして、帰るときの描写である。

「（山本安英が語っている）心配といえば、ある時、三鷹（ＩＣＵの宿舎）か何かにお帰りになるわけですよ。お茶の水あたりで木下さんがお食事を差しあげたりだべったりして、わたくしもご相伴にあずかって、その帰りなんぞは……。お茶の水の駅まで送ってあげると、それじゃまたね、と言って、とぼとぼ、とぼとぼ歩いて行くんですがね、駅の中へ。こっちはタクシーの中で見送りながら、木下さんが、あいつ、切符、大丈夫かな、ちゃんと乗れるかな、とおっしゃる。本当に心配で、可愛らしいんですよね。（笑）可愛らしいのと危なかっしいのとね。……はたから見てると、心配で心配でね、大丈夫かな大丈夫かなって……。なんか心配で心配で、可哀そうで可愛くて、なんて言ったらいいんでしょうね。……お会いしたとき、いつもそんな感じでしたね」。（付録ノート14、17-18頁）

「何だか目の見当が違うみたいな顔をなさる時があるでしょう。自分のことだけに集中して物を言っちゃいますからね。夢中になって素晴らしいことを言うでしょう。はたのことは何も気にしないで、どこにいるかわかんないみたいになっちゃったりして。天才っていうのは、こういう人かと思ったりするんですけれども、目がはなせないのね、心配で」。（同右、18頁）

「何か見えるものはかっきりと先の先まで見えちゃうでしょう。……べつに理論的にとか何とかでなく、パッとなっちゃうんだろうと思うんですけどね。何か可憐です。（笑）わたしが森さんを可憐と言うのは、なんとも不逐なことですけれども、女から見ると、おどおどしてて、なんとかしないと大丈夫かな、という感じを始終うけました」。（同右、18頁）

＊日常生活の困難

多くの女性からのこのような目で見られていたのではないだろうか。森に共通するところは、無防備で、ほとんど周囲にいる人を気にせず、自分の欲求を素直に表現し、また一方、逆に周囲に完全に依存している姿が浮かんでくることである。

長いパリ生活でも、日常的には、身の回りや食事をした後の片付けをしないで、食器などを山積みしているという状態であった。また、たまに日本から妹の関屋綾子が来ると、その片付けに二週間もかかったという（関屋綾子、二〇〇〇）。この点は大学のときからの奇行としても知られている。木下順二と同じ場所（東大ＹＭＣＡ寮）に住んでいた森の部屋は、いつも足の踏み場もないぐらい資料やゴミが散乱していたという。私が面接した成瀬治は、森の後輩であり、森が出たあとの部屋に住むことになった人である。そのときの様子を「大変なものでした」と笑って語ってくれた（成瀬治、二〇〇二）。

森の日常の対人関係の特徴は、「周囲の人々の心情の細かいところを気にする人」「よく世話をして、面倒を見る人」「とくに、女性に優しい人」「人の迷惑に無頓着で、自分勝手な人」「目立つように、人の上に立ちたがる人」「社会的な栄達に関心の高い人」「金銭にこだわりのある人」という特徴を示している。

森は対人関係の中で自分に好意を示す人か、反対に距離をとろうとする態度を示す人か、といったことにはきわめて敏感であった。井上究一郎（一九八二）が言っているように、猜疑心を向けて警戒していることも少なくなかった（この点は後に述べる）。また、社会的な上下関係ということには、きわめて敏感で、上位にいる人と思われる場合には、言葉も尊敬語を用いている。これはフランス人の研究者、学者に対してもそうであった。また、後輩や自分を慕ってくる人に対しては、過度に保護的であり、人との対応について手取り足取り、注意したり教示したりしていた。対人的にプラスにも、マイナスにも、森の態度は極端になることが多かった。プラスの関係を持つ人は森に好意的な印象を語っている。当然のことながら、マイナスの関係を持った人は、森を変わった人、奇人として見る人も少なくない。

＊丸山眞男の例

丸山眞男は森の大学時代の先輩にあたる人である。あるとき、丸山がパリに来て、森を誘って、当時、パリでフランス大使になっていた中山賀博（在任一九七〇—一九七五）に招かれて話に行ったときのことを、丸山が語っている。

「何十年ぶりに会った中山と学生時代のような大議論になっちゃった。……ところがそういう時でも森さんは、非常に慎しみ深くてひとことも言わない。たまに言うと、ぼくをたしなめるような口調でした。……森さんは大使館を出たあと、『丸山さん、あんなにズケズケ言って大丈夫？』と心配そうにいうので、『いや高等学校の友だちだから……』。一体に、森さんは、一面では非常にきびしく人を批判しますが、他面、その人を傷つけまい、というやさしさと配慮も強いので、面前ではあまり露骨にいわない。また争いを好まず、といったところがあります。しかし、実際には、かなり親しい人にもきびしい批判を持っているから、結果としては蔭口になる。ぼくも随分きかされました」。（全集付録ノート12、13-14頁）

＊井上究一郎の例

井上は森の後輩にあたる。森が東大を辞めたので、その後任に選ばれ、東大の助教授となり、教授となった。プルーストの『忘れられた時を求めて』の訳者としても知られている。井上は一九五七年から一九五八年の一年間パリに滞在した。そして頻繁に森と会っている。森が井上のところに押しかけているというのが正確かもしれない。井上は後に、この時期のことを本にしている（『ガリマールの家』、一九八〇）。私はこの本を知ったときに、森とのことが書かれているということを期待していた。しかし、本を読んで驚いた。森についてはまったく書かれていなかった。失望するとともに、疑問がわいた。これには何か理由があるはずだ。その隠された意味の一端が、森の著作全集が出版されたときの第一五回配本（全集補遺、一九八二年）の付録『森有正をめぐるノート15』に書かれている。

ここでは森の独特な対人的行動に振り回されて、井上の心がかなり傷ついたことが記されている。この様子について少し記してみよう。

森が自身の著書『流れのほとりにて』の中に、「こういう原稿を書くのはもうコリゴリだ」と述べているところがある。これは井上が頼んだ原稿のことだった。それはフランス語で書かれた『日本における戦後世代の思想の歩みと方向』である。森はそれまでフランス語では評論的なものは書いていない。井上としては、フランスの思想世界に森を紹介したつもりでいた。

しかし、森からの反応は、感謝どころか、「もうコリゴリ」というものだった。井上はこれに腹を立てた。森は井上に、「もう書きたくない」と直接には言わないで、自分の文章の中に書いた。この文で、井上が森を無視したのは、やり返したい思いがあったからなのかもしれない。

また、森がパリに滞在し東京大学を辞めて、その後任に自分が据えられたのも、井上にとってはあまり気持ちの良いものではなかった。自尊心を満足させるものではなかったのではないだろうか。一年間親しく話をしていたのだから、森がひとこと井上に対して、「よろしく」「迷惑をかけたね」くらいの言葉はかけてもよかったのではないだろうか。森は人間関係には敏感な人であり、若い人にはこの点を細かく教示したりする人であるのだから。

このような行動が日本人の対人関係の常識であるとすれば、森の行動は少し外れていた。これも森の特徴である。森の周辺の人は、「森さんはそういう人だから」と許してしまうだろう。しかし、常識的な人間関係を求めて森と接触すると、戸惑いや非常識さが大きな衝撃の経験となることも起こることになる。

また、井上は次のように森を描写している。

「森さんは私をシフェール氏宅に案内したり、私の生活を直接見るうちに、思い過ごしであった予感—そういう予感があったとして—を払拭したようだった。私がパリの日本語学者やユネスコ出版委員会とは無縁であることがわかると、森さんは例の歯に衣を着せぬ口調で、自分の生活をめぐる人間関係への信不信に諷刺を織りまぜた独特の語りをたのしんでいるように見えた」。

（全集付録ノート15、5頁）

また、同じ頁に森の対人関係の特徴がよく示されている文章がある。

「森さんはすでに何度か森さんのほうから気軽に私の前に現れ、『パリにおけるわれわれの立場』について、微妙な注意をあたえてくれるのであった。どこには早く顔を出し、誰と何には警戒し、どの店が安く旨くて、というような綿密さを、例の口調に乗せてである。森さんが教えている東洋語学校は、私の宿のガリマールとは通一つはさんだ近さ、私の昼のデスクのある国際教授会館もおなじ界隈、という便利さからであろうか、そのどちらへも、単独で、または珍しい人を連れて、森さんは不意に立ちよるのであった。私が急にそんなに近くにとびこんできた意外さが、森さんの生活感覚をおどろかせたことは事実である。……」。

（同右、ノート15、5頁、傍点強調は原著者）

また、井上の森のエピソードとして次のようなこともあげている。

「森さんはまた公費で出張してくる日本の先輩たちの無神経な人使いを痛烈に皮肉った。ある人たちは森さんの技能を安易に利用し、すっかり自分に借用するが、なんの謝礼もしない、というのだった」。

（同右、ノート15、7頁）

そして井上が思い出したのは、自分が森に頼んだフランス語の原稿であった。「《新時代》（注：雑誌名）が……稿料を払わないとすれば、私も森さんに迷惑をかけてしまったことをおわびしなければならなかった」（ノート15、7

-8頁）とやや皮肉交じりに書いている。そして次の井上の文章は、意識しているのか、無意識的であるのかわからないが、森に対する強烈な一撃であるように私には思われる。それを引用しておきたい。そこに描かれている場所は、森にとって心の憩いの場所として、いつも佇む所であった。私も森の真似をして、この場所に佇んだことがあることを思い出す。

井上の文章は次のようになっている。

「……南端のアルシュヴェシュという石橋がセーヌの支流にかかっている『その橋手前の東の方』にセーヌの『本流と支流との間に突き出て』いる一角がある。森さんはそこに行って、長い間、セーヌが『渦をまいて、左手に行く本流と、右手に行く支流とに分かれて流れるのを眺めていた』。その一角こそは、森さんが知っていたか、知らないでいたか……ボードレール時代のいわゆる水死体公示場（モルグ）跡である。……そして……天才エッチング画家シャルル・メリオンが残した、傑作『モルグ』のあの鬼気迫る舞台なのであった。森さんは、日本へは帰らないと手紙を出した夜も、『ノートル・ダムを眺めていた』。ノートル・ダムの黒い影は『私の中に容赦なくのめり込んで来た』のである。『自分の心のどこかが狂っていて、そういうことになったのだと思っている。そうより外には解釈出来ない』」。（同右、ノート15、8-9頁、注：文章の中の『』は森の『遠ざかるノートル・ダム』の中の言葉を井上が引用したものである）

この井上の言葉は森に対する痛烈な一撃を加えようとしたもののようだ。森から受けた、井上の心の外傷は相当なものだったのではないだろうか。そして森は、このように人の心に傷を与えていることにはまったく気づいていない。この文章は、森の死後、『森有正著作全集』として出版された中の『補遺』版に付録として出された、森についての思い出の文章であった。いわば森を顕彰するはずの場であるのだが……。

*対人関係と内的洞察の解離

森を見る見方の対極にあるのは、森の内面から湧き出てくる深い洞察を含んだ言葉である。これはまさに、哲学者・思想家としての森が躍如としている場である。これらの文章は、パリに行ってから、初めて書くようになったエッセーであった。一九五六年に初めて発表されたエッセー『バビロンの流れのほとりにて』がその代表作である。この中には、ユーモア、軽口などは完全に遮断されていて見られない。また、森の日常の行動、つまり街路をよく歩くこと、町の名前、教会についての詳述といった外面的なことの描写であり、人間関係の描写も最低限に抑制されて書かれている。森にとっては、この世界、つまり心の第三層の世界（心の深い層の意味。表1参照。後に検討する）は、森の日常から完全に解離された（スプリットされた）、別の世界の出来事になっている。ここで「解離」「スプリット」という言葉は心理学の用語であり、意識しないうちに、いつの間にか自分の意識の領域から切り離されてしまう、心の働きを言っている。意識とはかかわりなく、独立して働くので、自覚して行動することは難しい。解離がやや病的な表現でありすぎるというなら、サリヴァンの言う「選択的非注意」selective inattention と言ってもよいかもしれない。その意味は、無意識的な心の働きによって、特定の事柄に注意を向けないようにする行動である。

森の場合、第一の「対人関係の層」、第二の「自己と人との関わりのある層」、そして第三の「解離された内閉的な層」の、三つの心の層の間に解離やスプリットが働いていると考えられるのである。そのためにお互いに層と層との間にあまりつながり関係がなく、互いに独立しているように見えるのである（表1参照のこと）。

＊神格化された森

森のやさしさ、人間関係への無頓着さと反対に、猜疑心を背景にした細かい気遣いは、周囲の人に独特の投影（自分の思いをこめて相手を見たり、理解したりする心の働き）を呼び込んだ。ことに森が祖父森有礼の血を引く貴族の出自であることは、この投影を強めることになった。森の著作の中で、哲学的な文章や『バビロンの流れのほとりにて』以降（つまりパリ滞在以降）の文章は、その特徴的な素地をつくった。

二宮正之は、森を日本文化の歴史の中で匹敵する人物として、阿倍仲麻呂になぞらえている。阿倍仲麻呂は奈良時代の人。七一六年遣唐留学生に選ばれ留学。唐に五十余年滞在。玄宗皇帝に寵遇された、すぐれた学者、歌人として知られる。これは森を神格化して、日本文化の歴史上の人物と対比し、森の価値を高めようとする文章に見える。

森と長い関係を持ち、深い信頼関係を持っていた二宮は、森の最後の入院に立ち会った人でもある。森の死について書いた「詩人が言葉を失った時」（『私の中のシャルトル』ちくま学芸文庫、二〇〇〇）という文章は、美しい見事なものである。二宮はまた、「森有正エッセー集成」５巻（二〇〇八）を編集して出版している。また森の神格化という点でも際立っている（「全集２」付録２、２-11頁）。多かれ少なかれ、森に接する人には、森への理想化、神格化の傾向が見られると言ってよいだろう。

「森有正が現代日本の孕んでいる根底の問題を体現した稀有な作家であるといっても、それは決して過称ではない。彼は特異な思想家であり、日本における思想の歴史をかえりみても、明治以後においてはもとより、遙かに、日本が初めて外部世界と交渉を持ち始めて以来の流れにおいても、類まれな存在であった。母国日本で形成され、第一線にたって仕事を始めていた一人のすぐれた知識人が、外国文明の渦中に身を投じ、そこにおいて、肉体と精神とのすべてをあげて、二つの文明の接触を生きぬいた例は、ほとんどないのである。強いて類似の姿を求めれば、八世紀の文人で、生涯の大半を中国に過ごした阿倍仲麻呂とでもいうことになろうか」。

（全集付録ノート2、2-3頁）

このような発言をする二宮は、森の第三の心の層を見ていると言うことができる。二宮は森の後に続き、パリ大学東洋語学校の日本語学科で教えた。深く森に私淑していることがわかる。

これと似たものに、菅野昭正の文章がある。菅野は東京大学文学部仏文科の出身であり、後に仏文科の教授（一九八二）になった。森の後輩にあたる。幅広く文学評論を行い、日本芸術院賞（一九九九）をうけ、芸術院会員（二〇〇三）も務めた。菅野は森の『流れのほとりにて』（一九七八）を書評している。

（全集付録ノート2、14-18頁）

「ぼくたちの文学では、これほど困難な場所にみずからを位置づけた精神の歩みを、これほど密度の高い散文で、精密に、虚飾なく書きつくした作品は、かつて一度として生れたことがなかった。これほど研ぎすまされた眼で内面を凝視し、経験の重量をみごとに支えた精神の記録が日本語で書かれたことはかつて一度もなかった。いや、ヨーロッパにも類似の例はまったく乏しい。ぼくの知る限りでは、わずかにアミエルの日記、シャルル・デュ・ボスの日記のある部分などが挙げられる程度である。これらの内面の記録は、精神の燃焼過程を蒼白な焔のようにうかびあがらせることによって、極めてパテティックな感動のなかに読者を誘い込んでゆく」。

（全集付録ノート2、15頁）

「もう一度くりかえせば、このエッセイは、感覚、経験、思想という結晶過程、苦しい忍耐と緊張にみちた過程の克明な記録である」。

（全集付録ノート2、17頁）

＊高田博厚との出会い

高田は彫刻家として、一九三一年にフランスにわたりパリに住んだ。第二次世界大戦をフランスで過ごし、波乱万丈の体験をした人であった。森が一九五〇年にパリにやって来た時に、朝吹登水子の紹介で会うことになったという。その後、森とはパリで八年間の付き合いがあり、また高田の日本への帰国（一九五七年）後も、一〇年の付き合いがあった人である。森にフランスやパリを紹介し、また、美の世界に森をいざなった人であったということができる。サント・シャペルの会堂の中で、出会うこともあった。この教会のことについては、ロマン・ロランが高田に「この教会のヴィトロー（焼き絵ガラス）はフランスの魂だ」と教えたという。高田はこれを森に伝えている。

また、高田は森と一緒に『ルオー』を出版している（筑摩書房、一九七三）。この著書は、高田が、森がルオーについて書いた高田宛の手紙を紹介する形で取り入れた感じのものである。高田はルオーの家族と親しい仲にあった。ことに妹のイザベル・ルオーが油絵やステンドグラスを贈っているぐらいの関係である（これらは鎌倉の高田のアトリエに飾られていた。現在は東松山市に寄贈され、保管されている）。森が兄事する高田とは親しい仲であった。このような関係の中で書いた次の文章に見られるように、森に対する高田の観察は的を射ていると思う。

「私がパリにいる間の（森）有正は生活に苦労していた。『よくもやった』とおどろく。……私はフランスを去った。その後、彼は東洋語学校の日本語の講師になり、それから日本の私立大学の教師になり、毎年数ヶ月日本に来るようになった。『ヨーロッパ思索に疲労したのか』？　私にとってはさみしいことで、有正のためにも賛成しなかった。なぜなら、『世渡り』の面で彼には矛盾を感ぜず、一見不器用なのに、むしろ得意になる点があるのを私は以前から見ていた。結局、有正は孤独な魂の所有者ではなかったのか？　しかし彼は私にはそういう点は一切見せず、パリの日本学生会館長に二期もなり、その上、パリ日本人会会長になろうと奔走したことも言わなかった。……『女性』との問題については、一切語らなかった。彼は私の生活ぶりをよく承知していた。しかし私の方は彼の日本での離婚にも触れず—ただ彼と共にパリにいる息女を私は可愛がっており、パリに行く度に食事に招いた。—また、彼がどれほど望んでも、—彼が高い知性者であるだけに、無意識に現われる日本人体質のせいか？—フランス女性に立ち入れないものがあるのを、私は知っていた。それを知っていた有正は、フランスでの結婚、離婚も私には全く語らなかった」。（全集付録ノート7、4頁）

森にとっては、信頼して兄事する高田に対して、自分の女性関係や結婚問題などはまったく話していない。これは森の内的な恥の感覚の主題にかかわっている深い内面的な事柄であり、最も信頼する人にも明かすことのできない心の秘密であった。森の周囲の人々は森が隠そうとしている事柄については知っていても、それは存在しないはずであるという姿勢で森に接していた。「忖度」と言ってよいかもしれない。これを心理学では「共謀」hidden consent と言っている。これらの森の秘密は、森が居ないところでは、公になっていて話題になっていたのである。この独特の対人関係の二重性も、森の周辺の人間関係のかかわりの特徴として見られることを注目しておきたい。

また一方で、高田は森の仕事を評価して次のように述べている。これは森の『遥かなノートル・ダム』（一九七五）についての感想文である。重要な指摘であると思う。

「……読者は彼（森）によって示された『人間思索』の一連続として、彼の『バビロンの流れのほとりにて』『流れのほとりにて』『城門のかたわらにて』と共に読むべきである。そしてここではもうフランスの紹介とか、西欧思想と日本的思想の比較とかが問題になるのではなく、思索するということがなんであるかを、森の経路を通して知るべきであろう」。

（全集付録ノート4、18頁）

この後に、高田は核心を突きながら、わかりやすい言葉で森の仕事の本質的理解を示している。高田は次のように述べている。少し長いが引用してみたい。

「ながくヨーロッパに生活している日本知性人は不可避的に『自分の中の日本』と『自分が生きているヨーロッパ』との対比に当面する。……しかしこれは愚考であり、……彼は日本にいた若い頃、パスカルを勉強し、……デカルトに惹かれた。……自分をフランスに置き、そこに生きてみて、これは体当たりの課題となってくる。そして森の『バビロンの流れ』以後の文章はその経路を忠実に示している。緩慢に、そして執念ぶかく、幅ひろくではなく、深く入ってゆく。緻密な思考力を持っていた森は、たぶんフランスに来て『感覚』の意味を知ったと思う。

……『感覚』の把握が『外界』によって始まった……。すでに彼はフランス思考の領域内に入った。実感による思索、観念を否定するのではない、純粋観念を厳密に自我包摂するために実体によってそれを淘汰する。

……今日まで日本には哲学を学ぶ人はいたが、また批評家や紹介者はいたが、思索者は少なかった。いや、日本的思考によってヨーロッパ思想を解釈するより他なかった。『自我』をヨーロッパ思索の中に生かしきる者はなかった。……森はその経路を示す第一人者だろう」。

（全集付録ノート4、18-19頁）

この高田の文章は、森がフランスにきて苦闘した本質をはっきりとつかんで理解していた、ということを示している。また、森の仕事の本質をこのように明断な言葉で、単刀直入に表現したものはあまり多くはない。これは高田が二〇年近く森と交流し、またフランス精神の本質を長年にわたって体験として知っている人だから、語ることのできた言葉であると思う。

森の見方には、いろいろの側面があることがわかる。これらがいろいろの人によって語られ、またバラバラの知識となると、森についての人物像としては混乱を招くことになるだろう。私の中にも、森の人物像について、かなりの混乱が起こった。私は次第に森の中に三つのこころの層が存在することを感じるようになった。そのように整理してみると、森を少し理解しやすくなったように思う。ここでその整理した表を示しておきたい。次の表は森の人柄と仕事との解離において整理したものである（表1参照のこと）。

＊森の対人関係の三層構造

対人関係から推察すると、森の場合、特徴的なものがうかがえる。それは一般には統合されるか、また緩やかな傾斜をもって行動レベルで示されるので、目立たない。しかし、森の場合は際立っている。そのいくつかについて、表1に示した「こころの層」という観点から説明してみたい。

＊＊森のこころの層を分ける機制、スプリット

普通の対人関係では、人と人とのかかわり合いを雰囲気というかたちにして保っている。関係が切れても余韻といったものが残っている。それまでの時間を反芻したり、思い出したり、また「ああ言えばよかった」「こう言えばよかった」と思ったりしている。これは関係の余韻で、多くの人が経験している。一般的な人間関係の中にあるものだ。しかし、ときに突然関係が切れてしまうこともある。時間的にはあまり経っていないときにも、もう関係

がはじめからなかったような感じを抱かせる人がいる。人間関係の余韻というものがない。話が終わると他人になってしまうのである。別の人と話すと、その世界にまた入り込む。

このような突然の関係が切れる状態、シフトする関係の状態を心理学ではスプリット split と言っている。普通は場面と場面が移行していくように、こころに従って移行して徐々に変化していく。しかし、スプリットの場合には、劇場で舞台が反転するように、ガラリと変わる。前の場面とは関係がない。そんなかたちで普通に生活している人がいる。

＊＊三層構造の表

森の場合は突然に場面の転換が起こるように、対人関係の場面が変わる。これも森の行動の特徴であると言ってよい。独特の対人関係のこのシフトが起こる。その背後にはこころの層または対人関係の層が三つに分かれているところがあると考えられる。これをかなりはっきりと観察することができる。以下に、このこころの三つの層を説明してみたい。

(1) 第一の層・駄洒落の層

森の対人関係の明るい面として見える層である。森の周囲の人は、ジョークや駄洒落的な、口から出まかせのように見える言葉の魅力を語っている。森の近くにいると、いつも笑い声が絶えない。賑やかで、明るいという。これはほとんど森有正にとっては、無意識的な行動であった。意図的に笑わそうということではない。自然と言葉が口を突いて出るジョークや駄洒落の印象を受ける。これはユーモアというものと、正反対のものである。

本来、ユーモアにはいつも知的な統制ができている。皮肉と取れそうなところを笑い飛ばすというのがユーモアの一般的なかたちである。だからユーモアの場合、場面や相手の語っている言葉の性質、事態の性質、観察してい

表1　森有正の対人関係と心的プロセス

対人関係の層（レベル）	こころの層（レベル）	作品群
語呂合わせ的なジョーク、駄洒落、（冗談や温かいという印象を与える）	講演会などの導入など日常の会話など **一層**：駄洒落の層	日常の生活の中で知人たちとの出会い
対話的な関係の中で内閉的な思考へ（他者の存在が消える）沈潜	経験など、哲学的、神学的な話をするとき **二層**：社交的関係の層	集中講義 さまざまな思想的，哲学的な対話
深刻な孤独の世界（内的な対話者）	エッセーなどの思想的な文章を書くとき。森の思想表現のスタイルの確立。 **三層**：内閉的集中の層	主に思想的・哲学的エッセーなど。『バビロンの流れのほとりにて』他。

るものの性質が十分にわかってよく理解されていなければならない。それが前提である。知的な統制ができていないと、場合によっては、強烈な皮肉になり、ブラック・ジョークになり、相手に深い心の傷を与えてしまうことも少なくない。

これらを顧慮すると、森の冗談や笑いにはほとんど意識的な統制が効いていない。統制はされていない。このレベルの森の言葉には、相手の言葉に対する直接的な、意味的、または音声的な反応として出ているという印象を受ける。それが駄洒落、ジョークと聞こえて、周囲に明るい印象を与えるのである。それは多くの雨水が樋を越えて流れ落ちるとき、そのしぶきが跳ね返るときのさまざまな形態の美しさのようなものである。このような水が溢れてこぼれ落ちている美しさということに近いのではないだろうか。

　森にとって、やや緊張していたり、周囲に多くの人がいたり、やや浮ついたりした雰囲気があるような場合に起こりやすい。静かな二人関係で、集中して考える対話の場のようなところではあまり起こらない。

　このような状況ではない場合、森有正はどちらかというとひとりでぽつんとしていることがある。背中の方から見ると森の姿勢は、やや孤独な印象を与える。これまでの対人関係の雰囲気の余韻を感じているというのでなく、人との関係が突然切れる、また突然別の世界に入ってしまう印象がある。周囲の人たちには、前に述べた山本安英の感想のような反応を引き起こすことが多い。「寂しそう」「一人ぼっち」「傍にいてやりたい」「手を貸してやりたい」といった印象を与えるところがある。これは右の駄洒落の世界と対照的である。

（2）第二の層・社交的関係の層

森は周囲に気を遣う人だということでも有名である。親切とその反対の深い猜疑心とが同居している。その落差の程度が大きい。

　人間関係の上下関係には気を遣う。東大での先輩、先生方など、パリでは哲学の個人指導の先生方には常に敬語で話し、文章も敬語で書く。接しているときも丁寧だっただろうと想像できる。年下、生徒などには「君」という呼び方をする。長い付き合いのあった後輩の辻邦生に対しては、「あなたは私の生徒でしょう」とこだわり、その関係を維持しようとしたと、辻が述べている。丸山眞男の思い出にも、森有正の独特なかかわりがあることを述べている。「森さんは、一面では非常にきびしく人を批判しますが、他面、その人を傷けまい、というやさしさと配慮も強いので、面前ではあまり露骨にはいわない。また争いを好まず、といったところがあります。しかし、実際には、かなり親しい人にもきびしい批判を持ってるから、結果としては蔭口になる。ぼくも随分きかされました。ですからおそらくこっちもぼくのいないところではやっつけられているんだろうな、と想像するんです」。

この点は、先に引用した井上の文章の中の森についての記述と符合している。

森はやがて、言葉の分析から「二項関係」ということを主張するようになる。それは日本の言葉がフランス語と大きな違いがあることを主張していくのであるが、自分の使っている言葉、また自分の対人関係の在り方が、自分で命名した典型的な「二項関係」であることには、気づいていなかったのではないかと思われる。これに気づいて、彼が苦しんだことが書かれたことがある。それは先輩で、メンターであった高田とパリで久しぶりに会ったときの出来事であった。先輩と後輩関係にこだわって、どうしても対等な、一人称・対・二人称関係として話ができないことの苦しみを体験したことであった。このことについては、第九章にもっと詳しく述べることにする。

また一方、森を認めない姿勢や、受け入れない、厳しすぎる姿勢をとる人には、森は近づかなかった。また、そのような人に対してはいつも猜疑の目で見ていた。これは森の親切心と対照的であった。先に引用した井上究一郎の言葉にも、森の猜疑心についての記述がみられる。

このこころの層は、「パリだより」など、フランスやパリについて、当たり障りのないことを観光案内のように書いていく。その中に森らしく教会の歴史や町の細かい姿の記述などを交えていく。ここでは森の普通人としての感覚を使って書いている。これらは森にとって、関心の高い、書きたいというものではなかったが、書くことによって金銭的な報酬が得られるということには魅力があったのではないだろうか。収入が安定していくと、森はこのような日本的な随筆風の「パリだより」のようなものは書かなくなった。そのきっかけが、次のこころの第三層での気づきであった。

（3）第三の層：内閉的集中と論理的世界

この領域は森が『バビロンの流れのほとりにて』を出版してから、はっきりと観察することができるようになった。これを続けることが、森としては自分の思想の表現であり、また哲学することであった。この姿勢で次々と発表されたのが、『流れのほとりにて』『城門のかたわらにて』『砂漠に向かって』『木々は光を浴びて』そして『日記』『アリアンヌへの手紙』などである。

この層は、主体的に人やものと出会うこと、出会ったときの相手、または対象の記述というより、そのときに自分の中に何が起こっているかに注目するという動きを指している。外の出来事であるが、心は外を向いていない。したがって、森を外から見ると内閉的な思考が展開しているように見える。

森がパリに留まることを決意したとき、森はここに大事なものがあることに気づいた。森が「自分の」思考を深めるのは、この第三の層であることに気がついたのだと思う。森はこの層を突き進むのが大事なのだということをはっきりとつかんだ。この層を発見し、確信し、そこを突き進むということを決断した。この決断に関しては、その後、生涯を通してぶれることはなかった。しかし、じっくり考えて決断されたというより、ひらめきで直感的に決められたという感じがする。この決断は大事である。変えることはできない。しかし、現実的な大きな問題、夫婦関係、衣食住の生活費、子どもたちの養育費、などなどは放置されてしまった。森はしばらく精神的な混乱を体験することになった。このことを森は次のように書いている。

「……ここに留る本当の決心をしたのは、一九五二年の早春のある日だった。ある決定的な手紙を書いて日本へ出してから、僕は名状することのできない心の状態で、憑かれたように、宵の口から歩きまわり、夜が更けてから、グラン・オーギュスタンのケーをポン・ヌフの方からサン・ミシェルの橋の袂まで来た。……広場に往来する車も、バスも、赤と橙と緑の信号燈も目に映るだけで、意識に入って来なかった。……角のカフェーの、ノートル・ダムの見える側の、テラスに腰をおろした。冷たい風が歩いて汗ばんだ頬を刺すようであった。非常に疲れていたが、何も考えないで、斜め右手に、川越しに見えるノートル・ダムの正面を眺めたかった。……何も考えたくない僕の意志に反して、考えというにはしかし未だ余りに無定形なサンサシオンが僕の中で渦を巻いていた。ある解放感があった。しかし、基調は、それよりももっと強く、ある、形容できない、現実のパリに結びついた感覚と、ある漠然としてはいるが物凄い恐怖感だった。懐郷的な気分は全くなかった。恐怖は自分が存在してゆけるかどうかについての戦慄に充ちた予感だった。……常識的な僕は解体し、二つの憧れと恐れとを帯びた感覚の渦巻く一つの流れに、巨大な媒体が圧倒的に作用しつづけていた。……ばらばらに砕けた自分の破片をつなぎ合せて、糊ではりつけて外形を保つことは、もう全く問題ではなかった。しかしこの巨大な媒体は同時に巨大な障壁だった。……自分は破れるばかりだ。しかし破片をよせ集めるのがもう問題でないとすれば……。

（『城門のかたわらにて』「全集2」、48-50頁）

第三の層を森は「経験」の層と呼んだ。日常生活や対人関係の体験は「経験」を導く層であり、「経験」と区別して「体験」と呼んでいる。体験はどんなに論理的であっても、難解な字句がちりばめられていても、それは人のまねごとに過ぎない。自分のオリジナルではない。それはだれかの衣裳を着ているに過ぎない。自分ではない。自分の生んだものではない。自分の哲学ではない。経験こそ自己の思想の発生の場であり、源である。これが森の「経験」という場であった。森の到達した「経験の哲学」の世界であった。また「思想の発生の場」でもある。

森が人生の最後の書として残したのは『経験と思想』と名づけられている。これは講義録をまとめたものである。森はいよいよ自分の哲学・思想を表現できる素材の在り処を見出したのであった。『バビロンの流れのほとりにて』（一九五六）から、二〇年を要して、ようやくスタート台に立った。そのスタート台に立ったときに、森は倒れてしまった。

対人関係の場で、この第三の層が見られることも少なくない。森は内閉的に下を向いて、周囲の人たちや、自分の前にいる人がどんな反応するか、ほとんど見ていない。関心がないというより、自分のこの第三の層に入り込み、沈潜しているのである。森の周囲には人はいないという印象を受ける。典型的な例として、次のテレビ番組の場面をあげることができるだろう。

ＮＨＫの番組で対談というか、二人のアナウンサー（森本毅郎氏と高橋美紀子氏）と面談しながら話をする番組があった（ＮＨＫ『女性手帳』一九七四、九月二四日放送）。アナウンサーは働きかけ、話しかけるようとするが、森はまったくこの二人を無視して、自分の考えや思いを語っていく。対話をしている二人のアナウンサーがどのように理解し、反応を得ているかには関心がない。相手に理解されているかどうかにも関心がないようである。森は二人をほとんど無視して語り続けている。

また、森は自分のオルガン演奏をレコード（ＣＤ）で公表して、その中に自分の「経験」ということについて話をしている。この演奏も森の特徴がよく出ているものであるが、語りはまったく内閉的なモノローグという印象を与えるトークである。

これらはやや異様な感じがする。森はただ自分の思考の世界に入り込んで、浮かんでくる思考を語っていくのである。この内閉的な高い集中の姿は、森の独特の世界であり、スタイルである。見方によっては、このように内閉的に集中して周囲を無視している姿、交流のない姿は、少し離れて見ると「孤独そのもの」に見えてしまう。それは神々しい姿と見えるかもしれない。また、もう少し余裕を持って遊ぶ心があってもいいのではないか、駄洒落、ジョークの好きな森ではないか、もう少し、話の相手がどの程度、森の言うことを理解しているか、注意して聞こうとしているか、確かめながら話してもいいのでないかという感慨を、周囲に感じさせる状況なのである。

出版されている森の『森有正対話篇』（Ⅰ、Ⅱ）も大部分は同じ第三の層の産物である。深く入ってしまうか、または駄洒落のように第一の層で話をするかである。第二の層は一般の対人関係の層とみてよいが、森は対談においても、あまり相手の考えや思考の展開に関心がなく、周囲の人の言葉を刺激にして自分の世界を深めるという動きをすることが少ない。場の雰囲気とか、相手が求めているものに関心が向かない。第二の層において語るべきところで、森は第三の層で話を展開していく。したがって、話は深く、深刻で、また難解になってしまうことが多い。周囲の人は取りつく島がない。これは内閉的な思考の特徴であり、森の特徴でもあった。

本章の初出論文

鑪　幹八郎（二〇〇五）：「アモルファス自我構造から見た森有正の対人関係について」臨床心理研究―京都文教大学心理臨床センター紀要、第7号、83-92.

参考文献

伊藤勝彦（一九七九）：「森先生とパスカル研究」森有正全集7　付録ノート7、5-8. 筑摩書房
井上究一郎（一九八〇）：『ガリマールの家』筑摩書房
井上究一郎（一九八二）：「森有正をめぐるノート」森有正全集15　付録ノート15、2-9. 筑摩書房
木下順二・内田義彦（一九七九）：「森有正について」森有正全集10　付録ノート10、2-23. 筑摩書房
菅野昭正（一九七八）：「書評：『流れのほとりにて』」森有正全集2　付録ノート2、14-18. 筑摩書房
関屋綾子（二〇〇〇）：『ふり返る野辺の道』日本基督教出版局
高田博厚（一九七八）：「『自我』を思索の中に生かす」森有正全集3　付録ノート4、18-19. 筑摩書房
高田博厚（一九七九）：「回想」森有正全集7　付録ノート7、2-5.
高田博厚・森　有正（一九九〇）：『ルオー』レグルス文庫188　第三文明社
栃折久美子（二〇〇三）：『森有正先生のこと』筑摩書房
成瀬　治（二〇〇一）：自宅での面接での話による
二宮正之（一九七八）：「森有正の歩み」森有正全集2　付録ノート2、2-11. 筑摩書房
二宮正之（二〇〇〇）：「私の中のシャルトル」ちくま学芸文庫　筑摩書房
丸山眞男（一九七九）：「森有正氏の思い出」森有正全集12　付録ノート12、2-22.（引用は13-14.）筑摩書房

森　有正・森本敦郎・高橋美紀子（一九七四）：「森有正との対談」（『女性手帳』）ＮＨＫ、Ｅテレ
森　有正（一九七八）：「城門のかたわらにて」　森有正全集2、48-50．筑摩書房
森　有正（一九八二）：『森有正対話篇Ⅰ（一九四八―一九六七）、Ⅱ（一九六七―一九七六）』木下順二（編）筑摩書房
森　有正（一九九四）：オルガン演奏『バッハをめぐって』　ＣＤユニヴァーサル・ミュージックカタログNo.PHCP331
森　有正（二〇〇八）：『森有正エッセー集成5』　二宮正之（編）　ちくま学芸文庫　筑摩書房
山本安英（一九八一）：「森有正さんのこと」　森有正全集14　付録ノート14、9-21．（引用は17-18．）　筑摩書房

第八章

母性思慕・イメージと女性関係

森の内的な母性への思慕と女性イメージと、パリの日常生活の中で出会った女性たちとの実際の交流の仕方について見てみたい。森の女性との関係もかなり特徴のあることは多くの人が指摘している。

第一にあげなければならないは、父の死後、一三歳のときから森の家の中はすべて女性であったことである。母親、祖母、妹の関屋綾子である。女性に囲まれて生活し、成長した。森が初めて結婚した教会の牧師の紹介で妻となった人、パリで出会い、森のパリでの生活をいろいろな面で支持した朝吹登水子がいる。また再婚した子づれのフランス人女性がいる。さらに森が暗に結婚の申し込みの意志を示した栃折久美子と、またフランス人で、結婚を申し込んで断られた、森のタイピスト、秘書役をしたD・ドゥリアーズがいる。

娘の聡子《としこ》が自分のフランス滞在四〇年を記念した祝いの会で栃折久美子に言ったという。「あなたを除いて、父のお嫁さん候補がたくさん集まった」（栃折久美子、二〇〇三）。森は多くの女性たちにさまざまな思いを寄せていた。森は多くの女性たちとかかわっていた。これらの女性たちは、みな内的な力を持った自立した人たちが多かった。多様な女性たちとの出会いは、また森の多様な側面を示している。

森は二回結婚し、二回離婚している。

また、森の日記に記述されている夢には、いくつかの女性が出てくる。最も早い時期のものとして、鎌倉の海浜で出会った幻想的な少女の姿がある。また、パリの日本人の社会（コミュニティ）の中での噂がある。パリで森の女性関係については不安定で、それが日本人の中で噂になっていたらしい。次の二つの戯曲は、森を主人公として描かれているということである。

一つは加藤周一著『運命』（講談社、一九五六）であり、もう一つは中村光夫著『パリ繁昌記』（講談社、一九六一）である。いずれも、パリで暮らす主人公と女性との不安定な関係が描かれている。さらに最近出版された、伊藤勝彦著『森有正先生と僕』（新曜社、二〇〇九）の中で、「森先生も偉大であっただけに、その反面における欠陥も大きかった。そのことは女性関係の面ではっきりとあらわれてくる」と述べて森の女性との関係を問題視している。

＊最初の結婚

森の最初の結婚について、伊藤の指摘は次のように厳しいものであった。

「……最初の妻になる人がどんな顔をしているか、どんな性格の人であるかを調査しようともしない。あまりにも軽率な決断であった。だから浅野順一先生（注：教会の牧師。森に女性を紹介した人。また結婚式の司会をした）が『立派な人だ』と太鼓判をおせば、その言葉を信じて簡単に結婚してしまう」。

（『森有正先生と僕』、160頁）

パリで二度目の結婚について伊藤は、森の相手の女性に対して厳しく次のように述べている。

「優しい（森）先生が突然変身したのは、彼がパン屋の娘であったフランス人の女と突然、結婚してしまってからである。二回目の結婚においても、一回目の結婚と同様に、あまりにも軽率であった。女が少し美人であるというだけの理由でその気になってしまった。もっと慎重に、女性の経歴や素質を調査してからきめてもよかったはずである。これまでかの女が結婚しなかったのはどういう事情であったか。かの女に一人娘がいるのは、どういうわけなのか。そんなことはおかまいなしに、先生は結婚に直行してしまった。軽率な行為としかいいようがない」。

（同右、162-163頁）

この文章を読むと、著者の伊藤勝彦はまるで、世話女房か、世話好きの母親のように、遠慮しながら、しかし、

「なんと馬鹿なことをしているのですか」「ちゃんとしなさい、おぼっちゃま」と厳しく叱っているように見える。教師と弟子の関係というより、保護者と赤ん坊の関係という印象を受ける。この視点から、伊藤は森の二回の結婚と二回の離婚を批判的に見ているのである。

また、伊藤は同書の中で、森の家族にも言及する。森の二度目の結婚と離婚の出来事は森の娘との同居の状態の中で展開していた。これについて伊藤は次のように述べている。かなり力のこもった文章で、著書の一五八頁から一六九頁の一一頁にわたって描かれている。弟子として伊藤の森に対する悲しみと怒りが示されている。

「(森の) 娘がパリについた時、わずか十二歳でしかなかった。たった一人で、日本からはるばるやってきたのだから、さぞかし娘は不安だったろう。先生はそう思わずにはおれなかった。……その瞬間に、これまで守りとおしてきた『距離の感覚』を忘れ去ってしまっていたのである。しかし、それは許されるべきことではなかった。なぜなら、それがやがて、もっとも長い年月をへて、父 (森) の死亡した後娘を自殺させる結果、つまり、もっとも悲しい結果となって現われてしまったからである。とりわけ、フランスのような非情な社会において娘が自立して生き続けることを可能にするためには、『父と娘』とのあいだにある『距離の関係』を守りつづけるべきであったのである。森先生はあまりにも優しく、娘がかわいそうであったがゆえに、自分にとって本来的なものである『距離の感覚』を見失ってしまっていたということが真相なのである」。

(同右　165頁、傍点強調は原著者)

ここで「距離の感覚」というのは、どんな関係を指しているのだろうか。森もこの点については、ある程度の自覚はあった。そのことが日記に綴られている。

「娘が余り僕を愛しすぎぬよう気をつけなければならない。かの女は自分で自分の道を見出さなければならない。僕の内面は一切かの女に影響をあたえてはならない。友人も恋人も、相談相手も父の外に求めるようにしなければならない。……いつも静かに存在している父。僕はただそれだけで、その框《わく》をこえないように全力をあげて努力しなければならない」。

（「全集1」、388頁　傍点強調は原著者）

森も、伊藤の言うことと同じ親子関係をみているようである。これはどんな関係なのだろうか。伊藤は、森と娘との関係の中に、娘の自殺の原因を見ているようである。

誰でもそうであろうが、自覚していることと、それを実行することには大きな開きがある。森の場合もそうであったというのが伊藤の見方である。森のやさしさが自分の娘を殺してしまったのだということであれば、森はその苦痛をどのように耐えただろうか。娘の自殺は、森の死後二三年目であった。

＊女性イメージの原型

第一にあげなければならないのは、森の親族の女性たち、母親であり、祖母であり、妹の関屋綾子ではないだろうか。次に、森が初めて結婚した教会の牧師の紹介で妻となった人がいる。第三に、パリで出会い、森のパリでの知的な生活を助けた朝吹登水子がいる。第四に、再婚した子づれのフランス人女性がいる。さらに第五に、森が暗に結婚の申し込みの意志を示した栃折久美子と、また、はっきり結婚を申し込み、断られてしまったフランス人であり、森のタイピスト、秘書役をしたD・ドゥリアーズがいる。

前にも述べたように、娘の聡子が自分のフランス滞在四〇年を記念した祝いの会について、「あなたを除いて、父のお嫁さん候補がたくさん集まった」と言う。ほかにも多くの女性たちがいた（栃折、二〇〇三）。森は多くの女性たちとかかわっていた。女性たちは、みな力のある自立した人たちであった。多くの女性たちとの出会いは、また森の多様な側面を示している。

＊＊祖母・寛子

祖母の寛子は力のある人物であった。このことはすでに第一章で述べた。家族は京都の江戸時代以前からの伝統的な公家、岩倉家である。父の岩倉具視は明治維新に政治の舞台で大きな活躍をした人である。京都の公家の中で、明治維新の激動の時期に例外的に活躍した人であった。明治の改革では徳川時代の各藩主を華族とし、また明治維新に貢献した人々を、平民であっても貴族として顕彰した。森の祖父である森有礼は、薩摩藩の下級武士の子であった。これらについてはすでに、第一章で述べた。

この二人の結婚の経緯を見ると、寛子の力では、どうすることもできない政治の世界に従って生きるほかなかった当時の社会状況がわかる。再婚後、二年も経ないうちに夫の有礼は暗殺される。森有礼には正二位勲一等、子爵が授与された。

寛子は東京に住んでいたが、終生、京都弁を通したという。それも矜持の一つの表われではなかっただろうか。また、当時、西欧的な近代化の象徴でもあるキリスト教の洗礼を、森との間の子である三男の明と一緒に受けている。寛子は日本の歴史を背負い、また日本の近代化の象徴でもあるキリスト教の信者として、自覚的に生きた人であった。結婚生活は二年に足りない短い時間であったが、夫の有礼を深く信頼し、また有礼のもつ日本の近代化の象徴的な西欧文化の世界を生き続けた。公家の子、また貴族の家の中心として誇りをもって生涯を全うした。

森は次のような文章を記している。父方の祖父母の家の描写である。父方の祖母が寛子である。

「廻りくねった廊下、白い畳をひいたうす暗い広間、線香のにおいのほのかにかおる仏間、砂利をしいた玄関前、木立の深い庭、母方の祖母の家では門から玄関まで行く間に、長屋が何十軒となくあった。家では父方の祖母がよく写真帳を見せてくれた。そこには祖父をはじめ、親類の人々の肖像がたくさんあったが、男の人は殆どみな立派な大礼服を着ていたし、女の人は明治に特有の黒い長い洋装をしていた。僕の中には、奇妙に錯綜した心理が生れていた。僕の祖父は文部省に入る前、長い間アメリカ公使、イギリス公使をしていた（その頃はまだ大使館ではなかったから）。祖母や父はキリスト教に入っていたし、伯父たちはみなイギリスで小学、中学の教育をうけていた。こういう時代後れの貴族的雰囲気（それは君が若干知っているような昭和の日本の貴族社会とは全くちがったもの、強いていえば、古いオーストリアやイギリスの貴族の間に、今でもいくらかはのこっているだろうような沈滞した静かで上品な雰囲気である）と当時の一般社会の未だ知らないヨーロッパ的生活とこの二つのものを、僕は恰も普通の人間の生活のように思っていた」。

（『バビロンの流れのほとりにて』、68頁）

＊＊ある少女の幻想

森が中学に入学したころの出来事が幻想のように存在していることは印象に残る。ある夏の約二か月、家族で大磯に出かけた。そのときに出会った一人の少女の思い出というか、イメージを思い出している。日付は一九五三年一二月二五日、場所はロンドンの宿で書いた回想になっている。

「僕が始めて女の人に郷愁に似た思いと、憧れとそして仄かな欲望を感じたのはその頃だった。十四、五歳の青い海水着をきて、黄色の海水帽をかぶったその少女は、毎日浜に来ていた。もう日に焼けて浅黒くなった顔は、ややや せ気味で、目尻が長く切れ、いつも、半分眠っているように、深いまつげが瞳を覆っていた。鼻は日本人にはめずらしく高く立派で、口許はよくしまっていた。そしてどこか冷たさと淋しさが流れていた。かの女はいつも一人、皆を離れて泳ぎ、すむと横も見ないで脱衣場へ行き、それから帰って行った。二か月以上いたのに、かの女が友だちとつれ立っているのや、附添の人と一緒にいるのを見たことは一度もないように思う。かの女が海辺に現われると僕の全関心はかの女に奪われた。そしてかの女が唯一人泳いでいるのをいつまでも見ていて、父親に注意されたことがある。その顔は今も、僕の眼前にその時のまま鮮やかに浮ぶ。かの女の頬のほくろまではっきり見える。……また一つの愛の親密さに徹底できるものをそこに感じていたのかも知れない。……以後二十何年一度もその姿を見たことがない。……この恋情は僕の中に全く主観的に、対象との直接の接触なしに、一つの理想像を築いてしまったのだから。……僕の中に、愛の一つの原型が出来てしまったことを意味する」。　（同右、51-52頁　傍点強調は原著者）

このイメージが森の女性についての原型として存在していると言っている。これは東京やパリで出会った女性たちの現実との落差が大きすぎた。この原型の女性イメージが森を苦しめていた。森の理想的女性像の問題だけでなく、高田博厚（「全集7」、付録、2-5頁）が指摘するように、現実の森は女性との親密な対人関係が困難な人であった。パリの中で自立的で、はっきり自覚的に自己の欲求を持っている女性にたびたび出会っている。しかし、内的な幻想の女性像の原型を、現実において森が実現することはできなかった。

＊＊母親・保子

森は母の夢を日記と『バビロン流れのほとりにて』にいくつか書き残している。ここでは森の夢とその連想から、森に映っている母の姿を見てみたい。パリに滞在して六年を経たころに見た夢が記されている。「お母さまを訪ねる夢」（一九五六年二月一六日　ジュネーヴにて）

森の夢は次の通りである。

「昨晩僕は夢を見た。見すぼらしい日本家屋に住んでいるお母様を訪ねる夢だった」。
（『バビロンの流れのほとりにて』、74頁）

夢についての森有正の連想は次のようであった。夢は短い。しかし、夢についての森の連想はたいへん意味深い母親との心のつながりを示すものであった。

「僕の母は、学習院では、学問がよくできて、テニスが得意だった。そのやせぎすな上品な顔には、いつも一抹の淋しさが流れている、高貴で正直な方である。母を考えると頭が狂いそうになつかしさでいっぱいになる。母を考えると、僕の悲しみの根源が深く母から流れ出しているのが判る。封建制度のもつ一種の高貴さが母の魂の中に結晶しているようだ。いつも静かにしている母の存在を僕は忘れがちだったが、この頃になって、僕の存在がどんなに深く母の存在に根ざしているかが判るようである。僕が母の子だからいうのではない。愛というものを結晶させる一種のかたちを僕の母の存在はもっているようだ。母は非常に冷たく見える人だ。犬や猫はむろんのこと、子どもにも余り興味がないようだ。しかし、ある人々、ある子どもたちに対しては、そのかなしみに充ちたやさしさが溢れ出してくるのだ。博愛、慈善、社会正義、そういうものには、僕は本来余り関心がない。しかし、愛し、なつかしく思う特定の人々に、僕の感情と愛情とは結晶する。結晶をまちながら、結晶できないで、飽和状態の液体のようになっているのが、僕のかなしみの本態なのだろうか。僕は自分がそういう一種の空間のような存在である気がする」。
（『バビロンの流れのほとりにて』、74-75頁　傍線強調は引用者）

この短い夢の連想には、森の内的生活の主題が見事に表現されていると思う。その主題は理想化された母への思慕の念である。森にはこの深い思いが終生ついて回った。森の夢の内容は、森自身の女性の主題を一段と明瞭に示している。この夢と森の連想を繰り返し読み返して、思いついたのが谷崎潤一郎の夢物語のような作品『少将滋《しょうしょうしげ》幹《もと》の母』である。森の女性イメージと同質のものがあると思われるので、ここで谷崎の文章の最後の部分を引用してみる。

＊谷崎潤一郎の小説から

谷崎潤一郎の『少将滋幹の母』（一九四九）の最後の場面は、幼児の時期に生き別れをしなければならなかった少将滋幹が、常に慕う母の面影と、四〇年を経て、実際に母に出会う場面が描かれている。谷崎はまず、母のイメージがどのようにして純化されていったかについて述べる。

「こんな風にして滋幹は、それきり母の姿を見ることがなかった。彼にとって「母」と云うものは、五つの時にちらりと見かけた涙を湛えた顔の記憶と、あのかぐわしい薫物の匂の感覚に過ぎなかった。而もその記憶と感覚とは、四十年の間彼の頭の中で大切に育まれつつ、次第に理想的なものに美化され、浄化されて、実物とは遥かに違ったものになって行ったのである」。（『少将滋幹の母』、中公文庫、135頁）

最後の場面で、滋幹は母と会うことになる。その情況が幻想的で独特である。滋幹が比叡の山から下りてきて、山吹の花の色の美しいところを通り、まるで幻想的な絵のようなボーッと全体に現実離れのしたところでの出来事であった。その不思議な出来事の中で思いがけない、白いふわふわしたものを発見する。それはよく見ると尼僧であった。白い絹の頭巾をかぶっていて、揺らめいて見えたのだった。夢を見ているのか、夕桜の妖精が現れたのかと思うのだった。そしてそれが小さいときに別れた母であるかも知れないと思う。そして尋ねるのである。以下にその場面を引用してみる。


「もし、……ひょっとしたらあなた様は、故中納言の母君ではいらっしゃいませんか。」

と、滋幹はドモリながら云った。

「世にある時は仰っしやる通りの者でございましたが、……あなた様は」

「わたくしは、……わたくしは、……故大納言の遺れ形見、滋幹でございます。」

そして彼は一度に堰が切れたように、

「お母さま！」と突然云った。

「お母さま！」ともう一度云った。

……四十年前の春の日に、ぎ帳のかげで抱かれた時の記憶が、今歴々と蘇生って一瞬にして彼は自分が六、七歳の幼児になった気がした。

（同右、190頁）


この母子の物語のモチーフは、まさに森の夢に近いのではないだろうか。次の夢は、もっと肉感的な森の母イメージが感じられる。記録されている森の母の第二の夢は、前の夢の一年後に見られたものである。主題が持続していることがわかる。

＊「母の背中をさする夢」

一九五七年六月三日（晴れと雨）あらし気味

「先刻、僕は夢を見た。……僕は同じ寝床の中にいた。しかし場所が異っていた。いやそれは異る場所だった、東京の角筈の自分の生れた家で、南西の八畳でねていた。いやねつかれないでいた。もう夜半をすぎていた。ふと起き上って見ると雨戸もしめていず、小さい庭の向うを見ると、門のとびらも閉めてなかった。僕は疲れ切っていた。それで門をしめるのも、雨戸をしめるのも忘れてうとうとしてしまったのだろう。急に僕は不安になった。しかし門まで閉めに行くのが億劫なので、硝子戸の内側のねじだけしめた。泥棒はそうめったに入るものじゃない、これだけしめておけば大丈夫だ、とこう思いながら。やがて遙か台所の方で何か音がした。ちょっと不安になったが、女中が便所にでも起きたのだと思ったら急に安心した。しかしそれは女中ではなかった。隣りの四畳にねていると思っていた、母が便所からかえって来たのだった。「何だかお腹が痛くてね」と母が言った。母はよれよれのねまきを着ていた。『僕が背中をさすって上げるよ、そうすると楽になるよ』。そう言って僕は起き上って四畳へ入ろうとした。すると四畳から猫がとび出して来て僕にじゃれついた。背中をさすっていると母はさも楽になったらしく何も言わなくなった。僕は一生懸命さすった。何のもの音もしなかった。妹は二階にねているし、祖母は、遠くの、広い庭に面した八畳にねていた。僕の胸の中には、深い深いかなしみが限りなくわき出して来た。かなしみ？　それはかなしみとも言う余地のないほど深い感情だった。母のやせた背中に触れる手の感覚の中に、僕は自分の存在の全部を意識していた。父はもう死んでいた。この広い家の中で、僕は自分が皆の柱にならなければいけない、とたえず考えていた。それは虚弱な中学生の僕にとって、たしかに力にあまる、不安きわまりないことだった。しかしそれはそうでしかありえなかった。力があろうがなかろうが、一家の柱にならなければならなかった。僕だけが母の頼りなのだ、そう思うと同時に、自分の弱さ、盗坊や悪人のいっぱいいる社会が意識されていた。この広い世界で、僕は一人でどうすることができるのだろう。しかしどうにかしなければならなかった。僕の手のひらの感覚はこれらを全部含みながら、今こうして母を楽にして上げられるというはかないよろこびでみちていた。そしてそれは深い深いかなしみだった」。

（『バビロンの流れのほとりにて』、179-180頁　傍線強調は引用者）

この夢は近親姦的な母子関係を表現しているということができる。森有正の母との生々しい関係の告白がここには示されている。森の連想はどうだっただろうか。夢を見た直後の森有正の連想は次の通りであった。

「ふと気がつくと僕は『両世界評論』を手にしてねむっていたことが判った。しかし僕の胸はかなしみでいっぱいだった。黄昏の中のようなかなしみの風景が僕の中に流れていた。部屋の天井や本箱の本の背が、別の世界の虚偽のようにうつろに目に映った。僕はいつまでもこのかなしみの中にいたかった。しかし同時にそれに堪え切れないような気がした。僕は雑誌を、中にはさんだ指のところからあけて、読みさしたところから、明るい電気の光の下で、続いてよみ出した。……急に深い霧が上るように、かなしみが消え、普段の気持にかえった。しかしこのかなしみの記憶が残った。まだ残っている」。

（『バビロンの流れのほとりにて』、180頁）

また、この夢についての森の連想は次の通りである。

「僕にとって、他者との本当の接触は、夢の中にしかないのだろうか。なぜ夢の中のものが本当で現実のそれは虚偽なのだろうか。それはそれに伴う感覚の切実さのちがいからきている。このさし迫ったかなしみと安らかさ、これが本当だ、と僕が感じるだけである。それは細く幾筋か現実の中に延び拡がっている。しかしこれを大切に養い、これを保持しなければならない。夢の合理的説明は、少しも僕の立場をくつがえさない。それは夢の中の切実さを完全に度外視しているからだ。夢の中から醒める現実なるものが、それがパリであろうと東京であろうと、僕にとって何の相違があるだろうか。そこの生活がどうであろうと、この夢の実体は僕の中に生きつづけ、内側から僕を制約している」。（『バビロンの流れのほとりにて』、180-181頁　傍線強調は引用者）

＊母思慕の主題

母との関係は森有正にとって、終生大切なものであった。森有正が日記や手記に示しているすべての夢にも、夢に対する連想や思い出の中にも母の姿が描かれている。それは自分にとって生きる喜びを与えてくれる、やさしい存在の基盤というべき人であった。現実の母は影の薄い、火種の消えそうな印象を与える人であったように思われる。しかし、森有正にとっては、谷崎の『少将滋幹の母』と同じく、純化された母の存在のイメージそれ自体が、心の中で大きな支えになっていたということができるだろう。次のような文章はその典型であろう。

「現在奏いている三曲だけでもすでに僕にとって枯渇することのない歓びの泉である。僕にピアノの手ほどきをしてくれた母、つまり音楽の世界に導いてくれた母にはいくら感謝しても感謝しきれない気持である。フランス語と音楽と聖書とが現在の地点に僕を連れてきたのである。この三つの領域は殆ど僕の生そのものと同体的と言ってもよい」。（「全集13」、473頁）

さらに、次のような文章も記している。

＊＊「母の思い出」

（一九七五年八月十一日、記）

「昨日から天気がかわり、秋が来た。寂しい、悲しいパリの秋が。僕はそれにすっかり慣れてしまった。パリに初めて来たのは一九五〇年の九月であった。しかし、秋になっても、もうそれを思い出すことはなくなった。それほどに遠い昔のことになった。

僕はまた、人々の怪物のような性格にも慣れてしまった。そしてまた、人は最後の最後まで自分自身に責任を持つべきであることも知った。自分に耐えることがどれほどむつかしいか、僕はそれを知っている。自分に耐えながらどこまで行くことができるか、僕にはもう判らない。オルガンを奏いている時、お母様の存在を家の奥に感ずることがある。僕に生を授けてくれた者の影が、僕が生を終えるものの方に身をのりだし始めるとき、近づいてくるのである。これが単なる幻想であることはありえない」。

（「全集14」、475頁）

「母は、極めて激しい情熱を抱いた人でありながら、実に静かに控え目な人であったが、その母がわたくしにピアノの手ほどきをしてくれた。いつか、あなたに母のことを話そう。母は徳川家の最後に残った者の一人、高松宮妃殿下の父のいとこである」。

（『アリアンヌへの手紙　書簡1』、「全集14」、522頁）

森の心の基底に存在する母の豊かな、やさしいイメージが余すところなく描かれている。私たちも同じように、この基底にある肯定的母性対象イメージによって生かされているのではないだろうか。森有正はこのような母のイメージによって生かされ、支えられていた。また、森が求める女性は、母のイメージに沿うものでなければならなかっただろう。そのイメージを実現させるために森有正は現実の多くの女性と出会った。しかし、どの出会いの場合においても、内的イメージと現実とのズレが大きく、関係を維持することができないものとなった。

ところで森の描く母のイメージで、なんとなく理解しにくいところがある。

母親は当時の日本では最先端の西洋的な教育を受け、ピアノ、ヴァイオリンは言うに及ばず、テニスや英会話ができて社交的な人であった。しかし、結婚するとまったくその社交性を失ったかのように、家に閉じこもって社交的な生活をまったく遮断してしまった。その理由がよくわからない。夫の森明を喪い、しばらく喪に服するように静かに生活することは理解できる。また、祖母に当たる寛子が絶大な力をもって、森家を支配していたということも納得できる。しかし、ある程度の心への圧力はあったとしても、祖母の寛子が、母の保子の外出を禁止し、また社交的な活動を禁止する人とは思われない。寛子は、夫の有礼の西洋化した生活を肯定していた人である。また息子の明とは、キリスト教の入信の洗礼を同時に受けたほど大事にしていた人でもある。また徳川家の血を引く娘である息子の嫁を、全面的に拒否するということはなかったのではないだろうか。

そうであるとすれば、母親である保子夫人には、閉じこもってしまう別の理由があるのではないだろうか。私はこの点について、森から納得のいく理由を見出すことができなかった。森はまったく素通りしている。母親の家庭への内閉的な閉じこもりに疑問はなかったのだろうか。あるいは、その点はあまりにも苦痛なために、解離してしまったのだろうか（注：ここで解離 dissociation というのは、精神分析の用語である。あまりに苦痛な体験の場合、私たちは意識から切り離して、意識することができないようにする心の働きをいう）。

＊母の社会的閉じこもり

この点について、森の妹である関屋綾子が書いた『一本の樫の木』（日本基督教団出版会、一九八一）を読み返しているとき、ふと気づいたことがあった。綾子は自分の学習院時代に、母親であった保子について描いているところがある。これを簡単にまとめると次のようになる。

保子夫人の父は徳川篤守である。徳川家の直系にあたる名門である。明治天皇にも近侍した。一八七一年に、アメリカに留学し、コロンビア大学で法学を学んだ。一八七七年に帰国。二年後に北京公使館に勤務した。その後、いろいろと事業を興した。しかし失敗し、経済的な破たんをしてしまった。不法取引のために禁固刑を受ける。華族であったが、処遇を廃止された。一八九九年には、爵位を返上。そして一九二四年に没している。父の篤守の一連の不祥事は大きな社会的スキャンダルであった。大きな家族であった。しかし、一緒に生活することは経済的にできなくなり、家族はバラバラになってしまった。綾子は次のように記している。

「誰からきいても学生時代、目立った存在であり、勉強もよく出来た事で記憶されている母が、何故あんな物静かな、家の一隅にあって物音一つ立てずに過しているような存在になって行ったのか、それは私にとって限りない人間の不思議さとして映ずるのである。……

第一には丁度母が華族女学校を卒業する少し前に母の実家に起った不幸な出来事（注：これが前に述べた父親の事件であった）があったときいている。……。その事柄をきっかけにして母の母は生家の小笠原家にもどってしまったし、子供等は、それぞれ別々にいろいろな家に身をよせる事になったようである。……母は、一番上の姉が、自分で身をよせる事にきめて入寮した、ブラウンローという英国の宣教師の婦人の営む女子寮に、姉にさそわれて入寮したと言っていた。……母はその事ではいつも後に朽木《くちき》子爵家の当主となった陸軍の技術将校に嫁した長姉に『どういうわけか、私だけをさそってくれた』と、なつかしそうに感謝の気持ちを口にする事が度々あった」。（『一本の樫の木』、147－149頁）

「母にとって、その姉と共にブラウンロー先生の寮に暮した事は、一生を決する事になったのである。母は、その寮生活の中で、聖書を読む事を学び、父なる神、またイエス・キリストについてはじめて学ぶ時を得たのであった。

……あれほどかげ日向なく常に真面目である魂に出会うことは稀だと思う。父はその事を一番よく知っていた。そしてそこに信頼して、ある意味では負い切れないほどの精神的重荷のようなものを、黙って母に背負ってもらって、やっと病と二人づれの三十六歳の自分の生涯を歩み果せたかのようにも思えるのである。

……その父の生き方を可能にしたものは、外がわからは絶対に見る事の出来ない、物かげにひっそりと立っ

ているような、あの母の限りない真実さであったのだと、私は信じている。……」。（同右、150-151頁）

「死の前日、傍に私がじっと座っていた時、母はふと誰に言うともなく、かぼそい声でつぶやいた。『私は一生、不しあわせだった――』と。それは静かではあったが、何かしら迷いのない透徹した言葉だった。私は返事をするでもなく、ただその言葉を心に受けとめてうなずいた。……一人の人間の魂の底から語られる真実な気持として受けとれたからである。その言葉は、母が一生涯を通して、耐えて生きて来た大小すべてのことがらから立ちのぼるひそやかな息の如くに受けとれた」。（同右、157-158頁）

父の大きな社会的なスキャンダルのために、森有正の母親である保子は、横浜の宣教師の家に長姉と一緒に逗留することになった。姉妹たちは皆クリスチャンであった。信仰が縁で、保子は森明、つまり森有正の父と結婚することになったのだった。森家にとっては、徳川家の血筋をひく人を娶ったということになり社会的な面目が立った。また保子にとっては、何とか救われたということではなかったのではなかろうか。

保子が社会的な活動をしたり、社会的に目立つ行動をしたりすることは、徳川の父である篤守を思い出させ、社会的な偏見にさらされる可能性があった、と思われる。たぶん保子はそう考えたのではないだろうか。したがって、すべての社会的な活動を捨てて家にこもった。そして自分の父親の非行を自分の家、出自の恥として、大きな羞恥心を抱きながら姿を世間にさらすことを拒否していたのではないだろうか。子供たち、つまり、有正や綾子には限りなく優しかったが、家から外に出て、何か社会的な活動をすることは結婚後、死に至るまでしなかった。森有正はそのことを知っていただろうか。知っていたが、無視して語らなかったか、あるいは、そんな社会的な非行は森にとっては、問題にするような大きなことではなかったのだろうか。

この事情がわかると、保子夫人の社交性や外向きの社会的な行動が、結婚によって、突然とも思われるように、閉鎖的になり、家の中に終生こもって生活したことが理解できる。そして最後に母がつぶやいた「私は一生、不しあわせだった」の意味がわかるように思われる。森にとっては、まったく関係のないことであったのだが。しかし、それは森の心の中の解離のなせる業《わざ》かもしれない。

＊妹、関屋綾子

森は妹である綾子と二人の兄妹《きょうだい》であった。二人は子供のときから仲良しであった。これは終生続いた。兄は妹に優しかった。日常的なことになると妹を頼りにしていた。また、妹の綾子は森を誇りとして、大事に保護的に支えた。また、出自に対しても誇りを抱いていた。キリスト教の信者として、晩年にはＹＷＣＡ（キリスト教女子青年会）の会長を務め、平和運動など社会的な活動も活発であった。この点では、森有正とは違っている。森有正の場合、自分でも述べているように、社会的な活動や社会福祉の世界などにはほとんど関心を示さなかった。綾子は著書も著している。『一本の樫の木』（前出）は兄有正の死を契機にして書かれたものである。森は『バビロンの流れのほとりにて』の中に、ある子供時代に過ごした新宿の角筈の家から見える一本の樫の木の情景について描いている。妹の綾子は、自分の著書の題に『一本の樫の木』という表題をつけるほど、二人の関係は深いものがあった。

この著書には、森家の歴史を曾祖父まで遡って、兄の有正と自分までの家族の歴史が具体的に、しかも丁寧に書かれている。森家の独特の家族の世界が理解できる。ほかに『風の翼』（日本基督教団出版局、一九八五）、『ふり返る野辺の道』（日本基督教団出版局、二〇〇〇）がある。後の二冊にも、妹として森有正について愛情あふれる丁寧な描写がなされている。

＊フランス女性について

森有正の母の記述とは対照的なのが、フランス女性に対する森の観察である。その観察が正確であればあるほど、森とのズレが大きく、悲劇的な相貌を呈することになるように思われる。そのことを森は次のように記述している。

「夜、Ｎ・Ａ君とビエーヴル街で夕食。フランスの女性について話しあった。日本の女と一体どこが違うのだろうかと。フランスの女性は家庭でのしつけとか、教育とか、社会的な地位などとは関係なく、皆自分の運命を自らの手に握っている。＊フランスの女性の性格は細心の注意を払って深く研究するに値する。Ｎ・Ａ君は、日本の女と比べてみるとフランスの女は何か種類の異なる動物という印象を与えると言う。僕も同感である。彼女らは、自分を情容赦なく観察している男どもを決して信用しない。そこに見られるのは二個の存在の間にむき出しの形で直接に成り立つ神経の関係であって、漠然としたところ、曖昧なところは少しもない。即刻、じかに、相補うことを渇望して抱き合う二つの肉体。それ以外のことは、必要の度合は異なるにせよ、凡てその為の付随物にすぎない。自己のうちに完結した存在。いくつかの例が、この先どのような進展を示すかという点でこの上なく僕の興味を惹く」。（「全集13」、480頁　注：＊印は編集者が文章を削除したことを示している）

森は意識的にはフランス女性の自己意識の鮮明さと人間関係の持ち方のはっきりした姿勢を理解していた。しかし、意識的な理解と森自身の母性を求めるような女性イメージとはまったくズレていることについて納得はしていなかった。意識的に理解できれば、また知的に理解できれば豊かな人間関係が築けるという誤解があったのだろうか。森の現実と理想的な女性のイメージとの引き裂かれた意識と欲求とのズレ、理性と行動との解離が、女性関係の中で彼をいつも苦しめていた。「森有正はフランス女性とは結婚できない」という高田博厚の指摘（一九七九）も、この点だったのだろう。高田の指摘したのは、フランスの女性に限らず、女性一般を指していたということが言えないだろうか。

森はフランス女性と結婚した（一九六二年）。結婚しても同棲することはなかった。一〇年後（一九七二年）、離婚に終わった。結婚期間は長く見える。しかし、実際には離婚の手続きに時間を要し、裁判によって法的に離婚が成立することに手間と時間がかかったのであった。表面的に見ると、以前に引用した高田の指摘は正しいことになる。この意識的生活と無意識的生活の引き裂かれた状態は、女性関係に示されるのみでなく、森の生活全体を覆っていた。森の生きることの苦悩は、意識的レベルの思考と無意識的レベルで発動する行動との、まさに「引き裂かれ」（解離）にあった。

＊ディアーヌ・ドゥリアーズ

ここで二つの例をあげてみたい。森が直接の交流を持った二人の女性の手記が出版されている。すでに名前は前に述べているフランス女性のディアーヌ・ドゥリアーズと栃折久美子である。

まず、ドゥリアーズの手記を見てみたい。高田博厚は森がフランスの女性と個人的に交流するのは、無理があると述べている。ドゥリアーズは森のタイピストになり、また秘書のように世話をし、森の最晩年に森の近くで過ごし、森が倒れたときに一緒にいた女性であった。ドゥリアーズは手記（『恋する空中ブランコ乗り』（平井啓之・梅比良眞史訳、筑摩書房、一九九一）を出版している。

この著書はドゥリアーズ自身の人生の遍歴を記したものである。その中に森との関係も描かれている。彼女の家族はサーカスを業としていた人々であった。サーカスのイメージは日本とフランスでは、まったく違っているのではないだろうか。日本ではある暗さのある娯楽という印象がある。しかし、フランスではもっと民衆の生活に近い。そして男女を問わず、若者たちの関心をひき、体を自在に動かすサーカス（シルク）の人々に対して一種の憧れをもっているという文化がある。ドゥリアーズはなかなかの美人で、スタイルも見事で、頭の良い女性であった。サーカスでも空中サーカスの花形として活躍した。やがて、サーカスから離れ、エール・フランスのスチュワーデスになった。国際線に勤務し、世界を飛び回ることになった。そのころ日本にも何度も飛び、休暇を日本で過ごすということも少なくなかった。後には、日本航空のスチュワーデスに移った。日本への関心も高く、庭園や家屋、そして絵画などの造詣を深めた。日本語も片言は話せるようになっていた。ラフカディオ・ハーンの『知られざる日本』『心』は愛読書であった。知識人たちとの豊かな交流があった。また結婚の申し込みも少なくなかった。しかし、個人的な二人関係に入ることには抵抗があって、それまでそのような関係は避けていた。つまり、結婚ということは彼女の頭にはなかった。

彫刻家アルベルト・ジャコメッティから矢内原伊作を紹介されて、ドゥリアーズは京都で出会っている。矢内原はジャコメッティのモデルをつとめた人である。画家、写真家、詩人のローランド・ペンローズとは長年の親しい間柄であった。詩人のポール・エリュアール、写真家マン・レイもボーイ・フレンドであった。画家のマックス・エルンスト、またパブロ・ピカソと親交があった。こんなサークルと親交を持っているというドゥリアーズは、社交的なすごい女性だということがわかる。

彼女はスチュワーデスをやめて、ソルボンヌで日本文化の勉強を始めた。このときに森の講義も聞いている。森が自分のフランス語で書いた日記のタイピストを求めていたことを知って、応募し、森のタイピストになる。やがて森の話し相手になり、秘書のような役をすることになり、いつも森の身近で仕事をするようになった人である。

森に近いとはいえ、彼女は自立した自分の生活を持った人であった。知的に優れていて、多くの学者や芸術家、政治家たちとの親交があった。彼女の過去の生活とはまったく違った知的な社交生活を送っていた。森が魅かれたのも自然なことであった。森はドゥリアーズに結婚を申し込んでいる。そのやり方が森らしいというか、栃折のときと同じやり方であった。以下はドゥリアーズの著書の引用である。

「あるレストランで、二人で食事をした。このレストランで、彼（森）は奇妙な仕方で私に結婚を申し込んだ。

『私は自分がもう長くないことを知っています。私はあなたを大変愛している。あなたを大変尊敬してもいます。私のような日本人でも、あなたは結婚してくれますか。ノートル＝ダムの近くの綺麗なアパルトマンとかなりな額の印税があなたのものになります』

私は、率直に、困惑して答えた。

『でも私は一人の人といっしょには暮らせません』

『性的関係のない結婚でもいいのですよ……』

『できません、先生。私にはできないのです……』

また求婚だった！　私は結婚には深甚な敬意を払うあまり、それには触れないようにしているのに、いつも求婚という事態を引き起こしてしまう。結婚という企ては余りに微妙なことなので、私は関わらないのだ」。

（『恋する空中ブランコ乗り』、298-299頁）

しかし、森はドゥリアーズの生活や性格をあまりに知らなさ過ぎたと思う。著書に書かれているように、ドゥリアーズに結婚を申し込んだ人は、森以前に幾人もいた。その社会的レベルや資産なども森とは比べものにはならなかった。それらがドゥリアーズを動かすものではなかった。彼女にとっては多くの人たちとの知的な社交生活（サロン）をすることが大事なことだった。このような女性は、欧州の社交界には存在していた。ヨーロッパで育った貴族や上流社会での生活で、集まって知的な話に興じ、室内楽を聞いたり、ダンスをしたりして楽しむならわしである。日本も明治の創成期に一時的に「鹿鳴館」などで、そのならわしが取り入れられたが、長続きはしなかった。日本では現在もこのような社交生活や、このドゥリアーズの願望を想像し、理解するのは難しいかもしれない。結婚といった、個人的な閉ざされた人間関係の生活を築くということには、ドゥリアーズはあまり関心がなかった。おそらく、森はドゥリアーズの言っている意味がわかっていなかったのではないだろうか。

*栃折久美子

ドゥリアーズとは少し違うが職業的に自立した女性としての栃折久美子の場合にも、共通していたところがあるかもしれない。栃折久美子の手記（『森有正先生のこと』筑摩書房、二〇〇三）には、森の女性関係の独特の特徴が描かれている。章の題が「風変りなプロポーズ」となっている。一九七一年九月のことである。森が栃折と初めて会ったのは、栃折の本によると、一九六七年九月のことである。栃折は秘書のような、お手伝いさんのような、何でも屋さんの役を完璧にこなしていた。次の場面では、栃折は、大修館から出る森の本の索引（多分）のカード作りを手伝っていたのである。森は冗談のような口調で雑談を挟んだ。これもいつもの森の行動でもあった。

「あなたのようにテキパキとやってくださる方には、二度と会えないだろうと思いますね。こんなことに使うのは本当に勿体ない。アパートにこのくらいの大きさの部屋が一つあったらいいですね。あなたがそこを使ってお仕事をなさってください。わたくしが時々行っても広々してて、窮屈じゃないですし。」

「ええ。そして、いつでもお茶が入れられて、食べたい時は何か食べられて、休みたくなったら寝られて。」

「来年は絶対そうしょう。東京へ来たら、まっすぐにそこへ行けばいいんですよね」。

（『森有正先生のこと』、148頁）

栃折の森についての印象は、シャイな人なのだということであった。一呼吸の後に、森は次のように言った。

でいるときであった。ちょうど隣り合わせの位置に座っていた。何か言おうとしてしばし沈黙していた。このとき、

長い日本滞在の後、パリへの帰国の前日、森が招待した中華レストランで夕食をして、ロビーでコーヒーを飲ん

「わたくしは、結婚したほうがいいと思いますか。」

と、前を向いたまま言われた。

「……わかりません。」

「そうでしょうね。わたくしのことですから。」

「……普通に考えたら、男の方は年を取られるにつれて、お独り暮らしは大へんだろうと思いますけれども

……。」

先生は黙って、煙草を吸っている。

「私は自分が仕事を持っておりますので、男の方の気持がいくらかわかると思っていますが、勤め先へ晩の

おかずは何にしましょう、って電話をかけたり、朝出る時に今日は何時にお帰りになりますか、と必ず聞いた

り、そういうのって男にとっていやなことだろうな、と思います。」

「わたくしはそう聞いてもらいたいですね。そしてその時間に必ず帰ってきます。二度の結婚は二度ともそ

のくらい仲が好かったのです。しかし二度ともだめになりました。いったい、終りまで全うした例なんてあり

ますか。トリスタンでも、他の何でも。」

話しながら先生はだんだん不機嫌になってゆく。

（同右、150-151頁）

栃折にとっては、これは「風変りなプロポーズ」に聞こえたのである。「三部屋の分譲アパートの話があって以来、もしかするともう少し前から、私はいつか『結婚』という言葉を聞くことがあるかもしれない、ということを頭のどこかで考えていたのは確かである」と述べている。

ここで明らかになったのは、森の純化された基底的な母のイメージ、つまり母性の希求であった。このイメージが現実の女性関係の中で作動するとき、大きなズレを起こし、悲惨な人間関係、恋愛関係、結婚関係として現れた。それはイメージと現実生活との間の「ズレ」「引き裂かれ」として理解することができる。栃折久美子との関係においても、「引き裂かれ」が通奏低音のように反復されて存在していることがわかる。

＊朝吹登水子

森は朝吹登水子については、私が調べた限り、どこにも書いていない。また、語られていない。しかし、彼女は森のパリ生活の中で援助的な大きな役割を果たした人である。

朝吹登水子とその家族は、戦前、戦後の日本の中で、ヨーロッパ風の上流階級の生活を優雅に営むことができた家族である。また優雅なヨーロッパ風の生活を当たり前のこととして、普通に生きた登水子は魅力的な女性であった。森との出会いは、登水子が二度目のパリ生活を始めた一九五〇年からである。

登水子は自分の伝記的小説『愛の向こう側』（新潮社、一九七七）で、自分の半生を描いている。また、パリの生活や人との出会いを描いている（『ある家族の肖像』『わが友サルトル、ボーヴォワール』）。魅力的な文章である。登水子の姿も「かくありなん」という印象を私は受けた。D・ドゥリアーズが人生の後半にたどり着いたフランス社会のサロンの生活（社交界）に、登水子は日本人として珍しく、ほとんど苦労なく、自然体で入り込むことができた稀有な女性ではないだろうか。それは登水子の出自、育ち、家族関係の温かさ、知性の高さ、フランスやイギリスの生活が身についている家族全体の生活文化といったものが、彼女を育てたものだと思う。

登水子の父は朝吹常吉という日本での有数の実業家である。その父、登水子にとって祖父は、朝吹英二である。大分の庄屋の出身であった。この人が明治の初め、英国に留学し、経済学を学び、日本に新しい産業を展開した実業家として、大きな成功を収めた。福澤諭吉を中心とした慶應義塾の創設にも協力している。一族には慶應義塾出身者や関係者が多い。また、二代目の常吉もイギリスに留学し、実業家としての基礎を築き、日本に帰り、起業家として産業を興し、成功した。豊かな財を築き、家族は日本の上流階級の一員として生活した。森有正の出自が政治的な権力の世界であったのに対して、常吉は別のもう一つの豊かな財力が築いたヨーロッパ的文化の世界を持っていた人である。

登水子は上に四人の兄がいる。末の女の子である。兄たちはみな登水子と仲良しで、彼女を大事にした。イギリスやフランスに留学し、実業家や研究者として社会に貢献している。末の登水子は一六歳で結婚、女の子を産むが離婚。そして一九歳、一九三六年に子どもを実家において、フランスに留学した。一九三三年には、一番仲のよかった兄の三吉がパリに、すでに留学していたので、不安もいくらか和らいだのではないだろうか。

女子教育の名門ブッフェモン女学校に寄宿生活をはじめ、その後、パリに出てソルボンヌ大学で学んだ。しかし、第二次大戦を前にして、一九三九年に日本に帰国した。戦争中は日本の軽井沢の山荘（睡鳩荘）で過ごした。日本で一般の人たちが味わっているような戦時中や敗戦前後の危機的な生活の苦労はしていない。私自身の苦難の庶民生活を思うと、このような優雅な生活もあったのだという驚きがある。

登水子は戦争が終わると、フランスに再び渡ることを計画し、実行した。戦後五年たって、一九五〇年になり、まだ日本は外国との国交が回復してはいないが、入国の許可を得て渡航が可能になった。この時も一人で渡航する。後に子どもと同居するようになる。この子どもが、後の翻訳家の朝吹由紀子である。

＊森との出会い

森が第一回のフランス国費留学生として一九五〇年にフランスに渡ったように、登水子も貨物船（客室）に乗って、同じく一九五〇年にフランスに渡った。森より少し早かった。登水子は戦前の三年の生活で、パリは十分に知っている。このときも、兄の三吉がパリにいて、登水子を支え、助けた。すぐに、安定した生活を始めた。戦争中にもフランスに居続けた高田博厚とも連絡がついた。少し前にパリに着いたばかりの登水子への紹介状をもってやってきたのが、森有正であった。そして登水子は森を高田に紹介した。このようにして森と高田との関係が生まれた。この関係は森がパリにいる間に深まっていった。高田を師とした師弟関係と言ってもよいような関係に発展していった。登水子は森を側面から支援した。

登水子は日本の出版社からの要望に従って、「パリだより」風の文章を書くことになる。逡巡していたのを、森の後押しで彼女は文章を書いた。森は頼ってくる人に対して、丁寧に手取り足取り注意し、指導するのが好きであり、上手である。彼女の文章は日本で人気があった。彼女は自分に文章を書く能力があることを発見する。森に奨められて翻訳したフランソワーズ・サガンの『悲しみよこんにちは』の翻訳はベストセラーになる。やがて、彼女は翻訳家、文筆家となっていく。彼女はフランスを日本に紹介し、日本をフランスに紹介する重要な人物となっていった。登水子は文筆家の才能を認めてくれて、文章を書くことを勧めてくれた森に感謝している。

彼女は次第に独自の世界を拓いていく。パリのサロンに出入りをするようになる。フランスの上流階級の人たちや知識人などとの交流が多くなっていく。哲学者のサルトル、そしてボーヴォワールなどとも親交を深める。サルトル夫妻が日本に招かれたとき、パリから同伴し、面倒を見たのは登水子であった。森はサルトルとの会見の仲介を登水子に頼んでいる。同じパリに住む哲学者同志であっても、森はサルトルという先達に対して、日本式に畏れ多いという意識があったのだろう。これは森の羞恥心と言ってもよいし、また先輩と後輩の別をくっきりと人間関係の原理として考えている森の行動特徴でもあった。

登水子の知的な生活を支えたのは、兄の朝吹三吉である。三吉はやがてフランス文学研究者として慶應大学で教えることになる。当時、登水子と同じようにパリで学んでいた。登水子をよくサポートした。文章もよく書き、また登水子の文章についてもサポートしたのではないかと思われる。さらに、ボーヴォワールなどの著書の翻訳については登水子と共同でおこなった。親戚でもあったシャンソン歌手であり、料理研究家である石井好子とは姉妹のように仲良しであり、好子がパリにいる間、一緒に生活した。

森と登水子はそれぞれの星が別々の軌道を描くように、パリでは別々の生活をしている。そして軌道が交差しているところで出会うように、たまに出会うような関係であった。他の女性たちのように、森の世話をしたりするような森の生活に関心はなかった。森について大事なことは、森にアパートを紹介していることである。森が手記にたびたび書いているノートル・ダム寺院の後ろ姿が見えるセーヌ川の河岸にある、お気に入りのあのアパートである。強調して言っているわけではないが、このようにパリでの森の生活を援助していたのが登水子であった。しかし、このアパートの世話について森の関係者は誰もはっきりと述べていない。森も書いていない。『バビロンの流れのほとりにて』を読むと、まるで苦労して、幸運にも森自身がここを探したという理解になってしまうような書き方である。親切な好意を無視したような文章に接すると、私などは怒りを覚えるが、登水子はほとんど関心を示していない。こだわりの少ないスケールの大きな姿が印象的である。

森にとってはなくてはならない貴重な女性であった。パリの社交界で生きて、晩年はパリと日本を行き来していた。二〇〇〇年には、フランス政府からレジョン・ドヌール勲章シュヴァリエ章が与えられた。森の死後三〇年余、見事に存分に生き、二〇〇五年に没している。

本章の初出論文

鑪　幹八郎（二〇〇四）：「森有正の生活における母性の希求―ローザスのビトローの光という観点から」臨床心理研究―京都文教大学臨床心理センター紀要、第6号、1-10．

参考文献

朝吹登水子（一九七七）：『愛の向こう側』新潮社

朝吹登水子（編）（一九八七）：『ある家族の肖像―朝吹家の人々』アトリエ出版社

朝吹登水子（一九九一）：『わが友サルトル、ボーヴォワール』読売新聞社

伊藤勝彦（二〇〇九）：『森有正先生と僕』新曜社

ドゥリアーズ、D．（一九九一）：『恋する空中ブランコ乗り』（平井啓之・梅比良眞史（訳）筑摩書房（Deriaz, D. (1988) : *La tête à l'envers: Souvenirs d'une trapéziste chez les poètes*. Paris: Albin Michel.)

加藤周一（一九五六）：『運命』講談社

中村光夫（一九六一）：『パリ繁昌記』講談社

サガン、F．（一九五五）：『悲しみよこんにちは』（朝吹登水子（訳）新潮文庫　新潮社（Sagan, F. (1954) : *Bonjour tristesse*. Paris: Julliard.)

関屋綾子（一九八一）：『一本の樫の木』日本基督教団出版会

関屋綾子（一九八五）：『風の翼』日本基督教団出版会

関屋綾子（二〇〇〇）：『ふり返る野辺の道』日本基督教団出版会

高田博厚（一九七九）：「回想」『森有正全集7』付録ノート7、2-5．筑摩書房

谷崎潤一郎（一九五二）：『少将滋幹の母』中央公論社（中公文庫　二〇〇六）

栃折久美子（二〇〇三）：『森有正先生のこと』筑摩書房

森　有正（一九五七）：『バビロンの流れのほとりにて』筑摩書房

森　有正（一九七九―一九八一）：『森有正全集』1、13、14　筑摩書房

第九章

日本語における二項関係

＊二項関係とは

森有正はフランスで日本語や日本思想を教えた経験から、日本語の性質について独特の観察をしている。このアイディアはさまざまなかたちで表現されている。彼の最後の著書となった『経験と思想』（一九七九）にも日本語についての省察三篇（「出発点　日本人とその経験」（a・b・c））が示されている。森有正の日本語についての考察はきわめて優れた洞察が含まれている。その中心は、「二項関係」ということである。

次の文章は、森が「山本安英の会」主催の「ことばの研究会」で、「二項関係」について話をして、後に手を入れて発表したものである。

「日本語を見ておりますと、日本語で何か言うわけです。『私は生徒です』とか『これは本です』とか言っているわけですが、よく考えてみますと、『です』というのはいったい何だろうか。『です』というのは話しことばですから『私』しかそれを言わない。あなたが何か言う時にそれを私から、、、、、みる場合に『です』というのはぜんぜん意味をなさないわけでしょう。『これは時計です』というのは、私が時計ですということを言うわけです。と同時に『です』の中に『あなた』が入っている。もし目の前に非常に偉い、白いひげの生えたおじいさんが来たら、『これは時計でございます』と無意識にいってしまう。それから前に弟とか息子が出てくると、『これは時計だ』と言うわけでしょう。すると『です』とか『でございます』とか『だ』とかいうことになっている。……（これは）一人称的な性格を持っていると同時に、二人称の如何がそれに影響しているわけです。ですから『だ』とか『です』とか『でございます』とか『でござります』とかいう、いわゆる敬語というものは……実は私、日本語全体がこういう意味で敬語だと思うのです。……。

だから何か日本語でひとこと言った場合に、必ずその中には自分と相手とが同時に意識されている。と同時に自分も相手によって同じように意識されている。だから『私』と言った場合には、あくまで特定の『私』が話しかけている相手にとって相手の『あなた』になっている……私も実はあなたのあなたになって、ふたりとも『あなた』になってしまうわけです。それを私は日本語の二人称的性格と言います。ですから私は日本語には根本的には一人称も三人称もないと思うんです」。

（「全集5」、付録、9-10頁　傍点強調は原著者）

この文章の後に、森自身の興味深い電話の経験を面白く説明している。

「私は非常に悪い癖がありまして、電話をしながらお辞儀をするんです。電話の受話器が「あなた」みたいになっている。先生から電話がかかると、まるで先生の前に出たように電話にむかってお辞儀をするという非常におかしな習慣がありまして、娘にパパは電話にお辞儀をしてると注意されたもんですから、だいぶ考えましたが、やはり電話器に対してもそういうことが出ている」（同右、12頁）。

森はここで二人称である相手、つまり二項関係にある人が、現実の社会の日常生活での上下関係が会話に混入（森は「現実《げんじつ》嵌入《かんにゅう》」と言っている）していることに注目していることを示している。一人称の「私」が、二人称の「あなた」に対して応対するとき、話をする対象としてのあなたが、一人称の「私」との「関係」によって、ことば遣いが変化をするという気づきを語っているのである。つまり、二人称としての「あなた」も、私を一人称としてではなく、二人称の「あなた」としてとらえ、それを前提にして話をしている。だから、関係は「私―あなた」（一人称・対・二人称関係）でなく、「あなた―あなた」（二人称・対・二人称関係）となっているのである。

上のエピソードの例は、森のおかしな癖というのではなく、日本では多くの人々の経験であると言うことができる。これは文化的なものに支配された、私たちの無意識的な対人関係の中での行動であると思われる。私自身も同じようにやっていることを意識することが少なくない。対面した対人関係の場だけでなく、電話をする相手によっても、その現実の二人称関係が維持され、表現されていることを示していると言うことができるのである。つまり、私たちの内的な無意識的レベルにおいて存在している対人関係イメージであると言うことができる。

この話はパリでの話だろうか。同居している娘の観察ということで考えると、パリのようである。「先生」というのは、日本人であろうか。それともフランス人であろうか。パリという場所において、日本人か、フランス人かはわからないが、二項関係的な会話を森自身が行っていることを示している。洋の東西の舞台を問わず、日本語の会話が成立しているところでは、二項関係的なものがついて回るものであると言うことができるだろう。

これらの例について、日ごろ観察することができる機会が二つある。一つは、幼児期にあり、言葉を獲得して使い始めた子どもが、二項関係的な社会の対人関係が未成熟の感覚の場合に、覚えたばかりの「場違いな」言葉を発して、周囲を笑わせることがある。

さらに、もう一つは、森の指摘にもあるが、日本語を成人になってから学習して会話をしている外国人の日本語にみられる「ぎこちなさ」である。このぎこちなさは、二項関係の中で、自在に操られる日本語が使えなくて、幼児に対して敬語を使ったり、反対に先輩に対して対等な仲間語を使ったりする、「状況音痴」とか「二項関係音痴」と言われるものである。

森の話は、日本社会の対人関係としての上下関係や場の力動関係を含みこんでいる日本語の性質をうまく説明していると言えるだろう。言葉についての森の省察は、やがて「経験」をめぐる複雑で難しい哲学論議になっていく。論議の中心はフランス語と異なる日本語の基本構造として、二項関係が存在することに苦しんだ森の経験から出発していると言うことである。

＊二項関係：日本語に関する哲学的考察

最終的には、「経験の哲学」というところまで展望していたと思われる森の本格的な論文は、予定はされていたらしいが、森の死によって出発点で中断してしまったようにみえる。しかし、その一端は彼の死後出版となってしまった『経験と思想』にみることができる。この著書では、三篇のみが哲学的な考察として示されている。彼がかなり本格的に思考を展開しようと意気込んで書いていることは理解できるが、文章はそれほどまとまったものになっていないように思われる。

ここでは、「出発点：日本人とその経験（b）」「出発点：日本人とその経験（c）」の中で「ことば」について書かれている。二項関係を森は次のように説明している。

「さて私は、『日本人』において『経験』は複数を、更に端的には二人の人間（あるいはその関係）を定義する、と言った。……二人の人間を定義する、ということは、我々の経験と呼ぶものが、自分一個の経験にまで分析されえない、ということである。……肉体的に見る限り、一人一人の人間は離れている。常識的にはそこに一人の主体、すなわち自己というものを考えようとする誘惑を感ずるが、事態はそのように簡単ではない。……本質的な点だけに限って言うと、『日本人』においては、『汝』に対立するのは『我』ではないということ、対立するものもまた相手にとっての『汝』なのだ、ということである。……親子の場合をとってみると、親を『汝』として取ると、子が『我』であるのは自明のことのように思われる。しかしそれはそうではない。子は自分の中に存在の根拠をもつ『我』ではなく、当面『汝』である親の『汝』として自分を経験しているのである。……肯定的であるか、否定的であるかに関係なく、凡ては『我と汝』ではなく、『汝と汝』との関係の中に推移するのである」

（「全集12」、63-64頁　傍点は原著者）。

これにはもう少し説明が必要であろう。森は二項関係の特徴には二つあると言う。一つ目は「関係の親密性」、二つ目は「相互嵌入性」あるいは「現実嵌入」である。森はこの点を次のように説明している。

「（注：関係の親密性とは、）二人の間では、互いにその『わたくし』……を消去してしまうが、……同時に、外部に向っては、私的存在の性格をもつ。」（注：日本でいう「うち」と「そと」ということで理解できると思われる）

（全集12、69頁、傍点は原著者）

「次の、相互嵌入性とは、関係が対等者間の水平な関係ではなく、上下的な垂直的な関係だという点である。……親子、上役と下のもの、先生と生徒、師匠と弟子、など一定の社会秩序を内容とするものである。……したがって、二項関係の直接性は、本当の直接性、すなわち独立の個人の間の接触ではなく、すでにある限定を受けた者同士が、その限定の框の中で、その限定そのものを内容として起こる直接性なのである。……」

（「全集12」、74-75頁）。

（注：つまり、）『二項関係』の中に、社会的階層が現れているものであると考える。それでは、話の内容、例えば『これは本〔である〕』という内容とは次元のちがう別のものかと言うと、そうではなく、この場合、この助動詞は両者の関係を示すと共に、話の内容を肯定し、断定し、確言するという意味合を含んでいる。しかしこの意味合は、話し手が独立に賦与するものではなく、あくまで話し相手を意識の中に置き、それとの共在の上で下す意味合なのである。であるから、『AはBだ』ということが、『AはBである』、『AはBです』、『AはBでございます』、『AはBでございましょう』、『AはBでございましょうか』などという色々の形をとることになる。

……こういう風に助動詞は、単独で、あるいは複合して、話し手の陳述の内容に対する主観の関係を述べるのであるが、それは同時に自分が相手にとっての相手であること、つまり二人称にとっての二人称であるという建て前から使用されるのである。会話、一般に言語活動は『私と汝』、第一人称と第二人称との間に成立するのが基本的であると考えられるが、この『私』と『汝』は相互置換が常に成立しているものなので、『私』は『汝』にとっては『汝』であり、その時第一の『汝』は『私』になっている。

……それは、本質的には『汝』と『汝』との関係なのである。『私』が発言する時、その『私』は『汝』にとっての『汝』であるという建て前から発言しているのである。日本人は相手のことを気にしながら発言するという時、それは単に心理的なものである以上に、人間関係そのもの、言語構成そのものがそういう構造をもっているのである」

（「全集12」、86‐87頁）。

＊二項関係とアモルファス自我構造

ここで述べているように、日本語における対人関係の特徴を明確に、しかも具体的に指摘したのは森が初めてではないだろうか。この点については現在も一般に理解されているようには思われない。しかし、私の心理臨床の観点からすると、きわめて重要な発見であり、臨床の現場によく当てはまる考えであると思う。

ここで森の説くところを私自身に理解できるように翻訳して図示してみたい。それは以下のようになるだろう。

私は森の「二項関係」の見方にヒントを得て、比較心理療法研究という観点から「アモルファス自我構造」というアイディアに至った。特に、「中核自我」core ego と「皮膚自我」skin ego の用語を説明概念として用いた。「中核自我」とは、自我境界がはっきりしていて、自己の志向が明確であることを指している。森の表現によると、こ

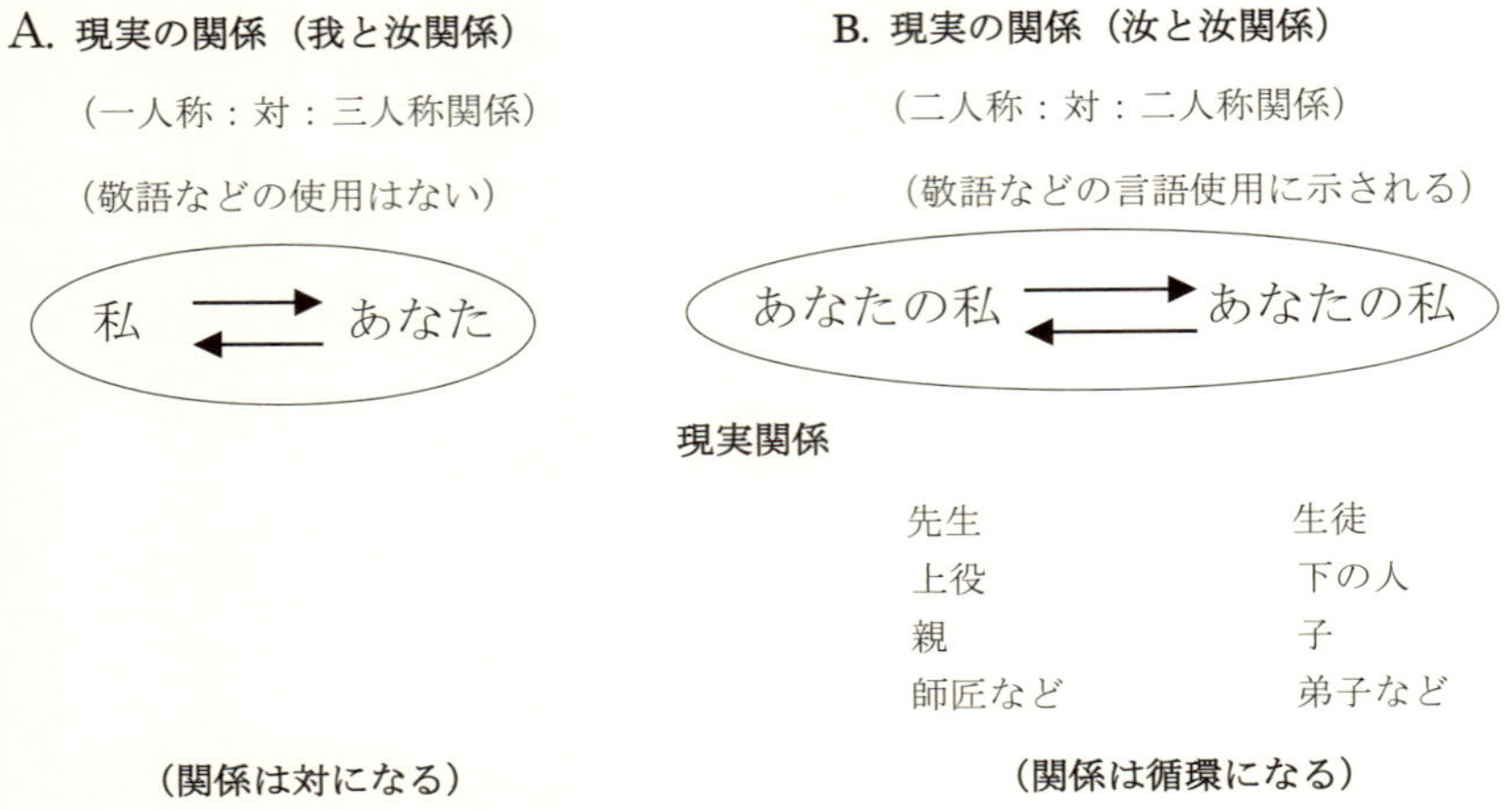

図２　森有正の二人称関係（汝と汝関係）

とばを語る場において西欧的な主体が一人称として存在し、別の主体（三人称）に働きかける場としての構造を示しているのである（図２のAを参照）。また、「皮膚自我」は、ことばを語る場において、周囲の人々の意向を敏感に考慮し、配慮しながら行動する状態を指している。森の表現による二項関係的な関係の中で語られる言語の場である。

ここでは「あなたの私」として相互に語る「ことばの場」を形成しているのである（図２のBを参照）。このためには、「あなたの私」がどのようなものか、社会的な上下関係を敏感に感じ取る感覚である。これを比喩的・象徴的に「皮膚自我」と呼んでいる。自己の意向を中心に社会的行動が決められるのではなく、相手や周囲の意向や位置を敏感に感じ、その距離を測りながら反応するのである。

そのため日本では、対人関係の在り方を感じ取る心の器官を発達させる必要がある。この必要性から生れるのが皮膚自我である。一方、現実の対人関係にほとんど反応する必要がなく、自分の内的な関心によって表現する対人関係を維持している西欧的な対人関係の構造がある。そこでは思考や主張の一貫性や重要度が重視され、問われる。これが森の依拠しようとしている対人関係の構造である。

これに対して、日本の場合、現実の社会的なさまざまな陰影を持った対人関係に敏感に反応しなければならない。日本では、自己主張というより、相手に合わせる、合わせ難いときには曖昧な「玉虫色」的な形で表現することが求められる。そして内的には、意見や考えも周囲に合わせ、右左に合わせて自己主張は流動的になるという特徴がある。このような人格構造を対比して理解した。このような中核のないコロイド的・流動的なものをとらえようとして「アモルファス自我構造」と呼んだのである（鑪、一九九八、一九九九）。森の言う西欧のはっきりした中核をもつ自我に対して、曖昧で流動的で、かかわる対人関係の力学によって自在に変化する心の状態や対人関係を描写したのである。

＊二項関係と「世間」

さらに、森の言う日本語の二項関係と対人関係の在り方は、「世間」という面から光を当てると、その性格がより鮮明になるのではないだろうか。

「世間」の問題には、阿部謹也（『日本人の歴史意識』『学問と「世間」』）が精力的に取り組んでいる。阿部はドイツ中世史を研究する学者である。ドイツ語とドイツでの生活を日本と対比して、森がフランスと日本を比較したのと同じように、対人関係、思考過程の違いをさまざまに論じている。

また、阿部の問題提起をきっかけにして、佐藤直樹らが立ち上げた「日本世間学会」（一九九九）で注目を浴びている主題でもある。この問題については、井上忠司（一九七七）がすでに独創的な研究『世間体の構造』を発表している。私も「日本人の恥」（『恥と意地』（一九九八）の検討を行ったときに、井上の『世間体の構造』を参照した。井上の研究では、日本文化や日本人の二項関係の性質を対人関係の構造の違いとして明らかにしようとした独創的なアイディアであった。

佐藤直樹（二〇〇一）によると、「世間」というのは、次の三つの特徴を有しているとされている。それらは「互酬の関係」「上下関係」「共通の時間意識」である。

人間関係はお互いにかかわり合うと何らかの負い目を得る。負い目は何らかのかたちでお返しをすることになる。これが「互酬の関係」である。形式として残っているものに「中元」や「歳暮」といったことがある。これは日ごろの負い目をお返しすることが示されている。現代においては、まったく形式的になってしまっていても、風習としては支配的な力を今日も持ち続けていることは私たちの日ごろの体験である。

この風習は共通の時間意識を共有している場の中で行われる。このような人間関係は密度の濃い状態になっている。このように濃い関係から薄い知り合いの関係まで、世間での人間関係の濃淡はさまざまである。これは森の言う「親密性」と見ることができよう。そしてまた佐藤の言う「共通の時間意識」に当たるだろう。

その場で人が出会って関係ができるのでなく、すでに密度の濃い人間関係が成立している中で、人間関係は展開する。それは概して社会的な上下関係を示している。前に引用した森の電話のエピソードは、この上下関係を示すものであろう。

その密度の濃い関係は「うち」関係であり、その関係に入っていない場合は「そと」の関係、つまり「水臭い関係」、「つれない関係」、「他人関係」ということになる。「うち」にいる人と「そと」にいる人とは、対人関係的に大きな心理的距離がある。親戚と他人というような、「うち」と「そと」の関係ができている。この「うち」関係が「世間」である。この「世間」関係は日本の場合あらゆる集団に見ることができる。「世間」関係は伸縮性、柔軟性、易変性をもっている。

「世間」の指導原理となっているのは「うわさ」「空気」「意向」「好意」「安全感」などの情緒的欲求である。それは理性的、論理的には説明困難であり、安全感を求めてその場の空気や噂を醸成し、変化させていく。事後になって、その変化を説明しようと思っても、「その場の空気がそうさせた」としか言えないような事態である。このようなものが世間関係である。これは私たちの日ごろの共通した体験過程である。

また、山本七平は、『「空気」の研究』（一九七七）を著わし、この「空気」についてさまざまな例をあげ、日本的な特徴を具体的に指摘している。また、同様な研究に入ると思うが、半藤一利の『日本海軍の興亡』（一九九九）や『昭和史』（二〇〇四）には、「空気」の持つ、破壊的な力を見事に実証的に示していると思う。

私たちは「世間」という集団にいくつも重層的に所属し、参加している。家族、親戚、友人関係、仕事関係、会社、地域など。私たちは皮膚自我を通して、その複雑な人間関係を敏感に感知しながら、社会生活を営んでいる。それは「世間体」というルールにまで、実体的に私たちを支配している。森の指摘した二項関係の特徴はこのようなものではないだろうか。この二項関係は、主体的に「経験」し、「経験」を主体的に深めることを妨害すると森は考えるのである。森は、日本において個人の中に主体的に経験を蓄積して、思考を高め、蓄積していくことは絶望的であるとさえ言っている。

このように見ると、森の「二項関係」、筆者の「皮膚自我」、阿部や佐藤の「世間体」という鍵になる概念は、私たち日本人の心性を理解する重要な視点となり、日本におけるさまざまな人間関係や社会的な出来事を理解する中心的な概念になるのではないだろうか。

＊高田に会って後の森の苦悩

森がフランスで出会って、先輩として信頼していた彫刻家の高田博厚が、日本に帰国して何年ぶりかでパリにやってきた。森は高田夫妻に会って会食をする。高田博厚はすでに述べたように、戦前からパリで活躍した彫刻家で、ロダンなど一流の芸術家やアランなど思想家と親しい交流をもっていた人である。森にとってもっとも影響力のあった人ということができる。この点についてはすでに述べた。その高田氏がパリに久しぶりにやってきた。

森は、そのころ、フランス語と異なる日本語の言葉の特徴を「二項関係」としてとらえようとしていた。会食の後で、自分が高田との関係において二項関係的、つまり日本的な上下関係を配慮しながら話をしてしまうようになってしまっていたことに気づく。意識して「第一人称」対「第三人称」関係（「我―汝関係」）として動きたいにもかかわらず、そうすることができない自分の姿に、森は深い嫌悪の情と苦しみを次のように述べている。

「夫人同伴でパリ滞在中の高田氏を訪れる。ソルボンヌ広場で一緒に昼食。僕はある種の態度に我慢ができない。自分が三人称になれないこと、そして話し相手が三人称になることを認められないこと、換言するなら、話し相手と相互に二人称の関係に入り、融合してしまい、自分自身及び話し相手が主観性を取り戻すことを認められないこと、このような態度が僕は我慢できない。次の二つの態度を分つ本質的な相違について。一人称で話すことと、一人称で話すことは話すのだが一人称を二人称の中に流し込んで話すこと」。（『全集14』、162頁）

一人称としての「私」が、三人称関係としての相手と話すとき、互いに経験を深めることができる。これがフランスで彼が学んで経験している、もっとも本質的な人間関係であり、この関係が生産的で、創造的な思考を深めるものであると考えているのである。自己の経験を深め、自己の思想を持つということは、この人間関係と経験の在り方が決定的だというのが、森の発見であった。したがって、自分の思想を深め、経験を深めるためには、この一人称・三人称関係をもたねばならないというのが、彼の主張であり、彼はそれを実行しようとしていた。フランス人と話すと、この関係は日常的に成立する。

しかし、日本人同士となると、意見を交換する場においても先輩・後輩関係から抜け出ることができないことを実感する。高田と森がその場で、フランス語で話したらおそらく森は二項関係的であることを嘆かないですんだかもしれない。しかし、日本人同士がフランス語で会話をするということはできない。できたとしても不自然であり、人工的な関係に過ぎないことになる。また、「キザ」過ぎるという世間体がある。

日本語で話をするとき、意図しているか意図していないかにかかわらず、無意識的に二項関係的に行動してしまう、という森の嘆きは不思議ではない。しかし、問題は日本語を話しながら、なおかつ一人称・三人称関係という形式で対話をしていこうとする森の意図自体に無理があるということにはならないだろうか。

森の一人称・三人称関係的な行動と無自覚的な二項関係的行動とに引き裂かれがみられる。それを意識せざるをえないだけに大変な苦しみであると思われる。しかし、日本語を話す限りにおいて、二項関係として話す以外に方法があるのだろうか。森はフランス語であれば可能であっても、日本語を話す限りにおいては不可能なことを実現したい願望を持っているのだ。森自身が指摘するように、日本語は二項関係そのものを基本的な構造として表現可能なように形成されてきた言葉であるということができる。二項関係を表現するのにもっともふさわしくつくられてきたし、歴史的に洗練されてきたものである。それはフランス語が一人称・三人称関係としての個人を表現するのにもっともふさわしいように形成され、歴史的に洗練されてきたものと変わりはないだろう。

阿部謹也はこの点について、一二一五年に開かれたカトリック教会のラテラノ公会議において「告解義務」が定められ、告白教理問答がつくりあげられていったことが、個人主義の基礎をつくったことを指摘している。これによって今日の西欧の個人主義や、フランス語ないしフランス人の個人主義的な生き方ができてきたと指摘している。その関連で日本の「世間主義」を見ると、古事記（八世紀初期に成立）にすでに「世間」に関係する記述があるのであるから、一二〇〇年以上の歴史を有していることがわかる。歴史的には日本の世間言語の形成の方が今日のフランス語より古いことになる。世間主義の言語の洗練においても、フランス語より洗練され、言語の特質がしっかりと形成されていることがわかる。

フランス語で二項関係が表現され難いように、日本語で一人称・三人称関係が表現されにくいことは、文化をつくってきた人間関係の力の支配に注目することになるだろう。この意味で、森は日本語は絶望的であると言う。

日本語の本質が二項関係にあり、日本文化が大きな変質をしない限り、言語構造や人間関係が簡単には変化することはないであろうことは予想がつく。しかし、なぜフランス語の一人称・三人称関係を重要と考える森有正が日本語に執着し、日本人であることに執着するのであろうか。フランスにおいてフランス語を話し、日本人として生きぬくということは不可能なことにならないだろうか。しかも、彼の思想を伝えるのは、日本語であり、それは二項関係から離れることはできないということになるのは当然のことのように思われる。そして森はまさにそれを日本人として実行しているのである。このディレンマというか不可能への挑戦をどう解決するのだろうか。

＊対話者としての森有正

森はかなり多くの対談を文章として残している。森は対談の相手として人気のあったことがわかる。その資料の代表としては、森の死後、親友の木下順二が編集した『森有正対談集』の二巻がある。これはフランスへ渡った一九五〇年以前のものも含まれており、森有正研究にとって貴重な資料と言うことができる。そのほかに「言葉、事物、経験」「光と闇」などがある。これらは『森有正対談集』に再収録されている。

森の文章はフランス以前と以後には、第二章に示したように、大きな違いが明瞭に見られる。しかし、対談に関する限り、あまり大きな違いを見ることはできない。森有正は対談の中で、自在な姿勢を示して魅力的な対話者であることを証明している。エッセーのレベルでは深刻な言語の二項関係を述べる森であるが、対談のスタイル（文体）は典型的な二項関係の例であると言ってよい。しかし、森にとってはこの二項関係にまったく無自覚になされている対話であると言うことができる。聞く相手やプリントされた文章として読む読者には、博学で豊かな知識を有している素晴らしい人であると見える。そこには「経験」や「二項関係」に悩む森の姿ははっきりとは見えてこない。この点をどう考えたらよいだろうか。

サリヴァン（一九五三）が言うように、心は対人関係の中に現われるものであるから、対人関係の場を調べることは、その個人の心の本質を調べることになると言ってよいだろう。その典型例が対談という形式ではないだろうか。

主体的な個人の世界、つまり「私の世界」や「中核自己」の葛藤や歪みを修正したり、整理したりすることを目的として心理療法が生まれ、今日まで、整備され、技法的に洗練されてきた。心理療法の中では徹底して個別性に沈潜していくのである。日本においては、二項関係を前提として、クライエントの関係性を問題としてとりあげている。欧米の一人称・三人称関係としてのかかわり技法を、二項関係の対人関係の特徴とする日本において、同じかかわり技法としてそのまま成立すると考えるのは、森有正の苦しみを無視してしまうことになりはしないだろうか。個別性と二項関係性が対話の二つの形態として存在し、それが対人関係を規定しているとき、日本の場で日本人として存在するもの同士がフランス語を話すような状態をかたちづくっていくことはできないだろう。反対に、フランスにおいて日本的人間関係の構造で面接をするような状況を想定することができるであろうか。森を通して見る限り、それは不可能のように見える。このように相容れず対立する対話に示される対人関係のもつ構造の本質的問題をどのようにとらえたらよいだろうか。

本章の初出論文

鑪　幹八郎（二〇〇二）：「森有正の『経験の哲学』の契機とアイデンティティ形成について」（鑪　幹八郎・岡本祐子・宮下一博（編）『アイデンティティ研究の展望』Ⅵ、第1章、1-26.）ナカニシヤ出版

鑪　幹八郎（二〇〇三）：「自己分析の可能性―森有正の経験へのこだわり―」臨床心理研究―京都文教大学心理臨床センター紀要、第5号、1-13.

鑪　幹八郎（二〇〇五）：「森有正の言語論と心理臨床—対話関係における二項関係の日本的性格—」京都文教大学人間学部研究報告、第7集、59-67．

参考文献

Sullivan, H. S. (1953). *Interpersonal Theory of Psychiatry*. New York: W. W. Norton,（中井久夫・宮崎隆吉・高木敬三・鑪幹八郎（訳）（一九九〇）：『精神医学は対人関係である』みすず書房）
阿部謹也（一九六七）：日本社会で生きるということ　朝日文庫　朝日新聞出版
阿部謹也（一九九五）：世間とは何か　現代新書　講談社
阿部謹也（二〇〇四）：日本人の歴史意識—「世間」という視角から—　岩波新書　岩波書店
井上忠司（一九七七）：『「世間体」の構造：社会心理史への試み』ＮＨＫブックス　日本放送出版協会
佐藤直樹（二〇〇一）：「世間」の現象学　青弓社
鑪　幹八郎（一九九八）：恥と意地　講談社新書　講談社
半藤一利（一九九九）：『日本海軍の興亡』ＰＨＰ研究所
半藤一利（二〇〇四）：『昭和史—1926-1945』平凡社
森　有正（一九六八）：言葉　事物　経験　晶文社（森有正対話篇１に収録）
森　有正（一九七四）：「ことば」について（講演録）『森有正全集５』、付録ノート６、1-17．筑摩書房
森　有正（一九七九）：「経験と思想」『森有正全集12』筑摩書房
森　有正（一九八二）：森有正対話篇Ⅰ、Ⅱ（木下順二編）筑摩書房
山本七平（一九九七）：『「空気」の研究』文藝春秋

第十章

経験の哲学という世界

＊「偽りの自分」と「本物の自分」

精神分析家のウィニコット（Winnicott, D. W.）は論文集『情緒発達の精神分析』（一九六五）の中で、自我の歪みという観点から「本物の自分《リアル・セルフ》」と「偽りの自分《フォールス・セルフ》」を区別し、その形成過程について論じている。

その自我防衛的な特徴は、外的環境との妥協として「偽りの自分」が形成されることによって「本物の自分」を隠すことである。そこには「倦怠感」と「絶望感」が存在すること、「空虚感」やごまかし、「贋物《フォーニー》という感覚」、「本物でない《アンリアル》という感覚」にとらわれることを観察している。また、これらは知的に高い人に多く、知的な高さが、「弱い本物の自分」を覆い隠していることも少なくないと言う。「偽りの自分」は生涯にわたって続くものである。ウィニコットは五〇歳になる女性患者の精神分析的な面接治療の例をあげて、この現象を説明している。

また、ウィニコットは役者を例に、「本物の自分」と「偽りの自分」について説明をしている。本物の役者は、さまざまな役を演じながら、なおかつ、「自分」であることができる。しかし一方、「偽りの自分」の場合、役を演じることしかできず、その演じている役が常に自分であると思っている人であると言う。この例はギリシャ神話のプロテウスを連想させる。

プロテウスは変幻自在に姿を変えることができるが、神の呪いによって、本来の自分の姿になることができないのである。これらの姿に示されている「偽りの自分」は、程度の問題であり、軽度の状態から重症の状態までさまざまのレベルで存在していると考えられる。

ウィニコットの考えは個人の精神病理を母子関係から解明していこうとするものである。「偽りの自分」と「本当の自分」で述べられている「自己の二重性」はまさに、森が体験したものに近いのではないだろうか。彼は自分の二重性に気づくと同時に、「本物の自分」を生み出すことに取り組む他はないことを決意した人だということができる。「本物の自分」とは、心身の生き生きとした感覚と人としての本源的な活力を自覚できる状態である。また、自己の心の「内的な現実」を直接《じか》に感じることができる状態である。

森は後に「自己の組織化」ということを言っている。これはまさにウィニコットの言う「本物の自己」の形成に近いのではないだろうか。森は「偽りの自分」に対する予感を「マルセイユ体験」として持っていた。そしてパリに一年間生活して、自分のこれまでの生き方が、このような「偽りの自分」によって組織化されてきたことを自覚した。これからの生きる道として、「本物の自分」として生きていくことを決意した。これらについては、前にすでに述べた。

この決意は自分の生活全体、生き方全体を賭《と》して方向転換するということを意味した。「偽りの自分」を形成した母体である日本に帰ることはできない。この自覚を促したパリという場で生活することによって、「本物の自分」の形成が初めて可能であるという自覚に到達した。それは、言葉で正確に述べるまでにはいたらなかったが、その本質はしっかりと把握されていた。

そして彼が達成したことは、心理学的にみると、一種の自己アイデンティティ感覚の獲得であった。

「私にとって重要なことは、このパリ滞在の間に、私自身の思索が始まったということである。東京にいても同じようなことが起ったかも知れないから、それを早急にパリ滞在のせいにすることはできないかも知れないが、パリがすくなくともそれを助成するような環境であったことに間違いはない。そして一外人として、全く無名の学徒として人生の大切な二十何年をすごすことが出来たということは、自分を保持し、育成するためにどれだけ有難いことであったか言い尽すことは出来ない。

……専門のフランス一七世紀哲学の研究は思ったようには進まなかったが、デカルトやパスカルをみる目が全然変化した。そういう古典的大家が分解し始め、自分の経験が思想に転化する過程に吸収され始めて来た。これは私にとって重大なことであった。それは私がフランスで学んだ古典の読み方であり、その意味するところは古典の読み方一つに止まらない。それは我々の中に見出され勝ちな一辺倒的考え方の逆であり、自分の「経験」を生かす道である。一辺倒的考え方は、他に傾倒するようでありながら、実は他に依存して自分を支えようとする態度であり、また他によって自分を飾ろうとすることでもある。自分の経験だけが真に自分であり、それ以外には何もないということ、この厳しい道にやっと逢着したのであり、それはまだ始まったばかりである。貧しいなりに自分は自分であるということは本当は実にむつかしいことである。それを歩み切ることが出来るかどうかわからないが、道はもうこれ以外にはないのである。灰白色のモノクロームのパリの町は、浮わついた心とはおよそ逆の限りなく堅固な実体である。それは一辺倒になることを厳しく拒否する意志が隅々まで流れている巨大な複合体である」。（「全集5」、『わが思索わが風土』、174-175頁　傍点強調は原著者）

*人格の二重性

森の気づきは人格の二重性と呼べるような体験の様式であった。心理学的には、森の取り組みは自己の内面、ないし感覚を通して得られる内的な体験の過程に関する、あくまで意識的な探索であった。その中で、森は次のことに気づいていった。

（一）自分の中に二重性が存在していること。
（二）それは表層と深層に分裂していること。
（三）表層は感覚器を通して得られる「体験」であり、それはすべての人が個人的に体験している世界である。

したがって個別的である。

（四）これらの体験のエッセンスが次第に沈潜し、やがて中核的な言葉で表現するような世界が開示される。それは「経験」と呼ばれるものである。その「経験」はすべての個人に共通する性質をもっている。したがって、普遍的で、客観的である。

（五）西洋（ことにフランス人）の自我は、この経験の層を土台として築かれている。したがって強固で、硬質な性質を備えている。これに対して、日本の自我は対人関係で展開する体験レベルに留まる。別の対人関係の世界に入ると、流動的に変容することによって、それに適応する。変容可能性が高い。しかし、逆に内的に組織化されるのが困難である。

（六）経験の層の上に築かれた自己は内的に組織化されている。組織化された経験から発する言葉で表現される。これこそ「自分」の言葉である。その言葉は個別的、個性的である。また強固で、硬質なものとなる。この状態を森は「経験によって自己が定義されている」と述べている。

（七）経験は個人を超えて普遍的となり、人間全体に共通する英知となる。これは（四）と同質の面の違った表現でもある。

（八）森はこの「経験」の性質を明らかにしようと取り組み、苦闘し始める。

森の言う体験と経験の心的プロセスを図式的に表現してみると、次のように表層と深層という形で示すことができると思う。

森の言葉を要約すると、次のようなことになるのではないだろうか。

体験の層は表層であり、個別的である。日ごろの出来事そのものである。観念の寄せ集め、組み合わせではない。それを彼は「イデオロギー」と呼んでいる。イデオロギーはこの直接的な出会いを妨げるものである。これに対して、経験の層は深層である。人間に共通する普遍的なものである。これは対象との直接的な出会いと接触によって形成されるものである。イメージとしては、体験によって抽出されたものが次第に経験として組織化されていくということになる。この経験の層への沈下を、森は「自己の組織化」と呼んでいる。

図3
経験の構造

体験の層（表層）
⇕
経験の層（深層）

これはすごい発想だと思う。心理療法における変化のように、日常の対人関係の中から、基層としての自己の経験の世界が生まれることと同質ではないだろうか。

「本当の自己」を生むことは、人や対象との直接的な出会いしかない。その出会いの中から次第に生まれてくる硬質な言葉である。自己の経験によって表現されるものが真正の、本物の、硬質な、そして客観的なものであると言うことができる。この点について、私は心理療法の観点から、「裸の体験」と「ことばの発生」として論じたことがある（鑪、二〇〇二）。これを森は「経験」という言葉で表現しようとしていると考えられる。

森の「経験」の主題から少し離れて、自我の二重性という点から見ると、森の体験過程には独特の特徴的な行動があることがわかる。そのいくつかを図式的に示すと、次のようになる（表2を参照のこと）。

森はパリに居続ける決意をして後、次第に自己の感覚を研ぎ澄ましてゆき、自分が直接に触れた感覚、見た感覚から得られるものを「真実のもの」、「本物」として生活しようとするようになる。次のような文章はそのような彼の姿勢を示すものと言うことができる。それらは裸の感覚が直接に「もの」と出会う体験である。「裸の体験」と言ってよいだろう。

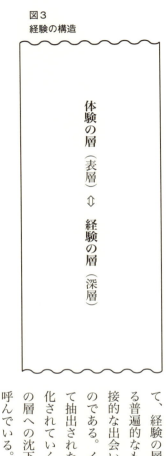

表２
行動レベルに表れる人格の二重側面

	表層（体験レベル）	**深層**（経験レベル）
対人関係	明るい、お喋り、八方美人的、話し好き	寡黙、集中的、内閉的
社会的行動	人の意向を気にする、取り入る	自分の意図を重視、非妥協的
日常生活	だらしない、片付けできない、無頓着	一つのことに集中的
思考過程	会話は拡散的	集中的、強迫的、厳密

「頭で考えるのではなく、感ずる……ということ、これはそう手っとり早く起こってくるものではない。ただここで重要なことは、頭で解ることと感ぜられてくることとでは決して同じではなく、雲泥の差がある、ということである。そしてこの第二の道、感ぜられてくるということは、対象がそのあらゆる外面的、したがって偶然的なものを剥奪され、内面に向かって透明になってくることであり、それは対象が対象そのものに還ることだ、と言い換えてもよいであろう。それではまた。それを私は感づるという言葉でしか言い表すことができない。そしてこれが経験の第一歩なんである」。

（「全集1」、22頁）

＊経験と自己組織化

ここで森の言う経験、つまり「本物の自分」にいたる道がはっきりと示されるのである。その道はものと直接《じか》に裸の接触をすることによって、自分の中に新しい感覚が生れ、それを土台として本物の自己が形成されるのだという確信である。森はこの道をこれから生涯にわたって突き進むことになる。

この偽りの自分に気づき、新しい自分、つまり本物の自己へ進むということは、精神分析的な観点に立てば、他者の影響とことば、および経験に支配されている病気の正体を突き詰め、新しい自分の経験と新しいことばを発見し、自分の経験とことばとする。新しい心身の自分をつくりあげる道に進もうとしているということができる。それは喩えて言うなら、自分の病を発見した外科医が、自分の身体にメスを入れて、自分で治療をしようとするやり方に匹敵する。しかも、性格の変容とでもいうような生活全般の変化の問題に取り組もうとするのである。症状を除去するというようなものではない。これは人生を賭けた生き方となる。

精神分析的に言えば、それは性格変容のための自己分析にあたる行為であると言ってよい。自己分析の困難さは、自分を患者として、その患者の面接者・治療者の役も自分で行うという、「ひとり二役」を行うところにある。その道は大変な困難を伴うことが予想される。そして森の今後の生涯はこの途方もない苦難を自分ひとりで引き受けるものとなった。内的にはその成果を「経験の哲学」として生み出してきたが、社会生活レベルでの現実には、さまざまな困難や障害をも派生してきたのである。強い個性的な光芒を放つ森は、また深く暗い困難をも背負うことになるのである。

ここではまず、森の取り組んだ自己分析の可能性について検討してみたい。

＊自己分析の可能性

精神分析の場は治療面接者とクライエント、つまり生活上の困難を有している人と「二人の場」を指している。クライエントに面接者が働きかけることによって、望ましい変化を生み出そうとする。面接者はクライエントにとって他者であり、面接者にとってクライエントは他者である。この二人の関係性を基本構造として精神分析や心理療法は成立している。その構造は森の言う対人関係的な「第一人称・対・第三人称関係」と言うことができる。

この点からすると、自己分析の場は、面接者とクライエントが一人の人の中で展開する過程となる。自分の内面を徹底的に客観化して光を当て、病的な部分の除去に努めることになる。これは言うほど簡単なことではない。私たちの中には、フロイトが抵抗《レジスタンス》と呼んだ困難点が存在している。「変化したい」という意欲と「現状を変えたくない」「変わりたくない」という抵抗である。自分が変わるということは、新しい家に「引っ越し」をするようなものではない。「変化する」ということは、今までの自分を破壊することであり、今までの自分を失うことである。それは恐怖を伴う。その恐怖を超えてまったく自分でない自分に出会うには、長い時間が必要となる。

精神分析の中で起るプロセスは、この自分でない自分に出会い、「自己が壊れる恐怖」の時間を経過することなしに、新しい自分を発見し、得ていくことも、またつくり上げることもできないのである。自分でなくなる恐怖に直面することが可能であるのは、精神分析の場に面接者という他者の支えや、安全の場が保証されているということがあるからだ。

しかし、森はひとりで困難な自己分析を実行しようと決意して、パリに留まったのである。これは心理的には至難な企てである。もし自己分析に取り組むとしても、その困難さは耐え難いものになる可能性があるだろう。森の取り組みは、そのような困難さを伴った性質のものであった。森のとった自己分析の手法は、日記とエッセーであった。自己分析の場は旅であった。ヨーロッパ中を旅し、やがて地球規模で旅をしていく。名辞や手垢のついた有名な名所でなく、古いさまざまな建築様式のキリスト教会や名のない自然と対話をする。そこから生れる自分の新鮮な感覚で受けとめるということに努めた。

彼はこれらの印象を、自由連想のように日記に書き続け、その中から研ぎ澄まされた感覚を通して得られるものを「ことば」にして、エッセーとしていった。これが成果として発表された『バビロンの流れのほとりにて』から始まる数々のエッセー集である。これらは彼の自己分析の記録の集成であると見なすことができる。

*自己分析の制約

カーレン・ホーナイ（Horney, K.）は『自己分析《セルフ・アナリシス》』（一九四二）を著し、自己分析について論じている。ホーナイは自己分析の資料とする際に、二つのことを注意している。

その一は、日記と自由連想の違いである。日記は意識的に選択的に書かれている。自己分析で重要な資料は無意識的な資料である。日記で無意識的な資料を扱うことは難しい。意識的なことばの選択を排除して、心に浮ぶ方法が無意識な資料に近づくことができるのだから。

その二は、日記の場合、将来誰かに読まれることを予想し、自由連想風に心のおもむくままに書くということに制約がある。森の場合も出版を予定していた。この制約は家族関係、日常の対人関係がほとんど描かれていないことにも示されている。森を研究の対象として、その素材を日記などの手記に求める場合、この点は大きな制約となる。

しかし、森の自己分析に対する取り組みは生活を賭したものであり、かなり徹底していたと言うことができる。その成果が「経験」という概念、あるいは自分の「ことば」に達したという成果になった。そして、経験の哲学への道を開いた。
以下に、彼の経験に関する思考の筋道を追ってみたい。

＊森による「経験」の定義

森は「経験」に到達するさまざまな体験を記している。すでに述べたように、それは多く旅であった。その旅で、彼の感覚を通して見る風景や教会の姿についての緻密な観察である。

「アラスカのアンカレージの荒涼たるアモルフな海辺、紅海に切り立つアフリカの乾き切った絶壁、カブールの郊外で見た層々と重なる暗いヒンドゥークシの山塊、ヴァラネジで見た海のようなガンジスの大河が急流のように流れ去る景観、そういう風景を前にした時と同質のサンサシオンにみたされて私は幸福であった。人間がつくった名前と命題とに邪魔されずに、自然そのものが裸で感覚の中に入って来るよろこび、いなそれは「よろこび」以前の純粋状態だ。あとになってから、私はこの状態に「よろこび」という名をつけるのだ。人間がつくった名前や命題は、それがどんなに立派なものであっても、それ自体で自分の感覚に一つの状態を惹き起してしまう。それは実物が私の前に現われた時の感覚を変容せずには措かない。感覚の純粋性を恢復するには、そこで複雑な操作が始まらざるをえない。というのは感覚の喜びは一つにその処女性に在るからである。

……感覚の処女性という表現によって、私は、ものとの、名辞、命題あるいは観念を介さない、直接の、接触を、意味する。その接触そのものの認知を私は経験と呼ぶのであって、感覚が経験の一部なのではない。もとより経験という名辞が使用される限り、それは反省されたものであり、その意味で過去的なものである。しかしそれはその場合感覚そのものが経験の内実であり、感覚が、そういう角度から、経験を定義しているのである。ところで、例えばある美しい風景を構成する場所がいわゆる「名所」である場合、すでにその場所に関する名前や命題があり、それによって、感覚は多少とも変容を受けることを免れない。だからこの変容された感覚からは、孤独な私というものは決して出て来ないのであり、それを可能にするためには一つの操作が決定的に必要になる」。

（『木々は光を浴びて』、「全集５」、46-47頁　傍点強調は原著者）

このようにして直接的なものとの接触から得られるものは、森と町や風景との関係を肉感的なものとしてとらえられるようになっていった。たとえば、次のような記述にそれを見ることができる。

「このようにして、ノートル・ダムをはじめ、パリの教会の群は私の中に入って来た。何らかの感動、審美的な、あるいは追憶的な、何らかの感動によってこれらの教会が自分の心と結びつけられる。こうしてそれらの教会は、案内記にある以上の意味を私に対してもつようになる。しかし、それは一つの経過にすぎない。朝日が昇って霧がはれて行くように、そういう結合はやがて解体する時がくる。それはそういう教会がこちらの感覚にじかに触れ出す時だ。あらゆる緩衝地帯、美的陶酔、音楽、キリスト教の理解、歴史的、個人的追憶、というような霧か靄のような緩衝地帯が撤廃されて、粗い石の膚が、鋭角的な面の接合が、じかに、こちらの感覚に触れ、それを痛めつける時がやって来る。その時、人は、感覚というものは、感覚していると思うことではなく、一つのじかの接触、一つの痛みだということを悟るであろう。そして、こういうなまの接触と痛みとが一つの本当の交通を形成するに到るには、実に長い長い遍歴が必要だということが判って来るであろう。すなわち、思いがけないような道を歩んで感覚そのものが鍛錬され、強靭にならなければならないことが判って来るであろう」。

（『パリ』、「全集５」、241頁）

「支笏湖畔の原生林が高緯度の冷たい夏の太陽の光を浴びて燦めく中を歩きながら、私は幸福であった。顧みて私はそれを自分の経験として完全に肯定することができる、というよりもむしろ、この純一な経験によって自分というものを知る。あるいは自分が生れさえもするのを感ずるのである。これは凡ゆる理窟をこえた事実である。そこで私は、こういう感覚に即して、自分に直接触れる。それは、一つのパトスの極限態であり、自分というもの、さらにそれを通して人間、を定義する一つの要素となるものである。

自分がまず在ってそれが何かを感覚するのだ、という事態から脱け出さなければならない。充実した感覚こそ、自我というものが析出されて来る根源ではないだろうか。私は「経験」と「体験」との根本的区別は一応そこに在ると思わざるをえない。一応と言ったが、まだ多くの他の条件もあるからである。またここで、この状態を感覚の純粋状態と呼んだが、私はそれを「感覚」と呼ぶ以外に何と呼んだらよいのか判らない。それは感覚を定義するものである」。（『木々は光を浴びて』、「全集5」、46-47頁　傍点強調は原著者）

＊経験することと時間

経験のためには時間がかかるという認識が重要である。この点について森は次のように言っている。

「一つの風景の感覚が私の中で飽和することが必要なのである。それが飽和点に達すると私の精神が自由になって、何かを考えたり、書いたりすることが出来るようになる。」（『暗く広い流れ』、「全集5」、68頁）

経験ということの定義を森は何度も言葉を変えて説明しているが、次のような定義は森の言う本質に近いだろう。

「しかし自分に帰ると言っても、どういう自分へ帰るのか。しかしその前に、私にとって、この時には意識されない、動機は、それが長い間意識されなかった、ということからも明らかなように、それ以上の一切の理由づけを拒否する絶対のもの、凡ゆる比較考量を超えたあるもの、深い感動の源泉であり、それあるが故に凡てのものに意味がでてくるような或るものである。私はそういうものに「経験」という名をつけたのである。……私が自分において一つの、置き換えることのできぬ、かけがえのない、「経験」を自覚するとき、それとある特定の点において接触し、それと共鳴を起すもの、そういうものを意味するのである。この「接触」は、始めはただ一点において起るかも知れない。しかしそれが真の接触であり、真の感動であり、従って深い共鳴をともなうとき、接触は必然的に拡大し、これまで判らなかった多くのものが理解され、思いがけない発見が多々起るであろう。私は、こういうことにだけ関心をもっている」。

（『大陸の影の下で』、「全集５」、142-143頁　傍点強調は原著者）

「一寸変にきこえるかも知れないが、自分の生きているこの現実そのもの、そこにある凡ゆる客観的なもの、主観的なもの、そういうものを凡て含んで、この現実そのものが一つの経験なのだ、という発見なのである」。

（『経験と思想』、18頁）

「経験こそ思想の源泉であり、この『経験』という『定義』するものこそ『思想』という、言葉によって組織されたものに対する基底をなすものである。そして『経験』は、人間が幾億いようと一つである、ということが私の確信である」。

（同右、93-94頁　傍点強調は原著者）

「すでにあるものを自己に対して透明化して行くこと、『経験』や『思想』の本当の意味はそこにあるのであって、この透明化の度、それは自己批判の度と言い換えてもいいのであるが、その水位の高まり、あるいは深まりに応じてあるいは『経験』と言い、あるいは『思想』と言うのだからである。それが可能な限り深められたものが、『智慧』であり、それがある特定の約束によって組織されたものが『哲学』である」。

（同右、147-148頁　傍点強調は原著者）

そして森は「実存」と「社会」へと思考を深めていく予定であったが……。その前に倒れてしまった。

それは中断というものだろうか。人の生に中断とか、中途半端ということがあるのだろうか。森はパリで一年が終わったとき、はっきりと覚醒した。そして正面から、自分の感覚で、肌で、対象をとらえ、これを吟味して自分の言葉で表現した。森の思考のプロセスとしては、彼のいう一人称である自己と三人称の他者との出会いをひたすら続け、これを言葉にした。それが『バビロンの流れのほとりにて』以降に、『経験と思想』まで続いた森の歩いた道標であった。これが森の哲学の道であったということなのであろう。多面的な生き方をして、多面的な思考を深め、多面的な対人関係をもった人であった。

そして森の経験の哲学が私に問いかけるのは、次のことかもしれない。

「それでは、あなたの経験の哲学は何ですか」。

本章の初出論文

鑪　幹八郎（二〇〇二）：「森有正の『経験の哲学』の契機とアイデンティティ形成について」（鑪　幹八郎・岡本祐子・宮下一博（編）『アイデンティティ研究の展望』Ⅵ、第1章、1-26．）ナカニシヤ出版

鑪　幹八郎（二〇〇三）：「自己分析の可能性—森有正の経験へのこだわり—」臨床心理研究—京都文教大学心理臨床センター紀要、第5号、1-13．

参考文献

森の文献に関しては、全集本を基本としている。それ以外は引用文献としてあげている。

Horney, K. (1942) *Self-analysis.* New York: W. W. Norton.（霜田静志・国分康孝（訳）（一九六一）：『自己分析』（ホーナイ全集第4巻　誠信書房）

Winnicott, D. W. (1965) *The maturational processes and the facilitating environment.* New York: International Universities Press.（牛島定信（訳）（一九七七）：『情緒発達の精神分析理論』誠信書房）

鑪　幹八郎（二〇〇二）「ことばの発生の場と心理療法のかかわり」臨床心理研究—京都文教大学心理臨床研究センター紀要、第4号、34-42．

森　有正（一九七九—一九八二）：『森有正全集』（全15巻）筑摩書房

森　有正（二〇〇二）：『経験と思想』岩波書店

追記　森有正のノートル・ダム・ドゥ・パリ大聖堂との心の距離

二〇一九年四月一五日～一六日の火災のショックな報に接して

一　拒否し、威嚇するノートル・ダム・ドゥ・パリ大聖堂

一九五〇年に不安を抱きながら、マルセイユに到着して、ノートル・ダム・ドゥ・ラ・ギャルドへの挨拶をした。それはかつて学んだ暁星校の神父さんから委託された「マルセイユに着いたら、ノートル・ダム・ドゥ・ラ・ギャルドに私の挨拶を伝えてください」という言葉を実行するためであった。教会の中では礼拝で聖歌が歌われていた。日本の暁星校で聞いた礼拝の時の、グレゴリオ聖歌とまったく同じものだった。これを聞いて森は深く感動した。また、懐かしい思いをした。フランスは自分を受け入れてくれているようであった。

不安を抱えたままで、夜に列車でパリに着き、さしあたり泊まる所になっている大学都市の日本館へ向かう途中、暗闇のなかに屹立している黒々としたノートル・ダム・ドゥ・パリに出会った。森にとって、これがノートル・ダムとの初めての出会いであった。複雑な思いと不安の高まりを感じていた。

指導者として森が選んだ哲学者たち、モノ・ヘルツェン氏などは自分の言葉で語っている。自分の言葉を持っている。これに対して自分は知識では負けないかもしれないが、それは自分の言葉ではなかった。自分の言葉で話をする人に向かって、自分の言葉でない借り物で話を展開することは不可能である。それはむなしい響きになってしまう。それがこれまで、ずっと続いていた内的な不安の正体だったのだ。「私は紙切れのように薄く味がない」「ノートル・ダムは私を突き放す」「あなたは何者なのか。自分の言葉で答えてみよ」。

二　なじむノートル・ダム

大学都市を出て、ノートル・ダムを見ることのできる所に下宿する。さらにもっと近くのカルチェ・ラタンにあ

る安ホテルへ移る。そしてやがて知人の世話でノートル・ダムを後ろから見ることのできるアパートを手に入れる。自分のアパートからノートル・ダムを見て、毎日挨拶をすることができるようになる。ノートル・ダムに受け入れられ、ノートル・ダムと対話ができるようになる。自分の体験、思考を私信の形でノートル・ダムと語ることが日課となる。ノートル・ダムはパリだ。ノートル・ダムはフランスだ。ノートル・ダムと語ることが、フランス人と、フランスと語ることである。自己の言葉をもち、自分を深めることである。体験し、実感することである。

三　受け入れるノートル・ダム

森は『バビロンの流れのほとりにて』を書いて、自己の進むべき方向への確信をもった。自分の言葉を綴った。それはノートル・ダムから承認を得られた。森はこの方向でエッセーを書き続ける確信を得た。『遥かなるノートル・ダム』（一九六七）、『パリの空の下で』（一九六九）が生まれた。

四　遠ざかるノートル・ダム

パリのノートル・ダムを起点にして、フランスのみでなく、世界中を見て回る。他人の感覚で名づけられたような名辞をもつ名所を避け、またそのような所も、自分の感覚のみを信じて行動し、それを手記にした。たとえば、有名な斜塔のあるピザの大聖堂を訪ねたとき、斜塔周辺の建造物の記述には数ページを費やしていたが、斜塔についての記述はわずか一行しか記さなかったように。

そのライフスタイルが自分の中に確立し、確信を得たとき、生前の最後の出版となったエッセー集に、『遠ざかるノートル・ダム』と名づけた。森にとって、ノートル・ダムは自己の中心にあって、行動と思考の規範として存在している。「もの」として存在するノートル・ダムは遠くにあっても、心の中のノートル・ダムと呼応し、もはやそのイメージが変わることはない。

この度の火災に森が遭遇していたら、大きな衝撃を受けただろう。しかし、パリの中心に存在するノートル・ダムは、森にとって審判を仰がねばならないものではなくなった。すでに遠ざかる存在であった。だから、今回の衝撃を十分にしっかりと受け止めただろう。そしてさらに新しい経験をする自己を展開したに違いない。森にとって、ノートル・ダムは自分の内に変わらず確かに存在するものだから。

あとがき

私にとっては長い間、考え続けてきた森有正という主題を、自分なりにまとめることができたというのが現在の実感である。

初めて出会った森有正のエッセーの題名は『雑木林の中の反省』と『木々は光を浴びて』であった。文学的というか、絵画的という感じであった。月刊誌『展望』（一九七〇年一月号と十一月号）に掲載されたものである。哲学者のエッセーとしては、その題名が印象的であった。このタイトルに惹かれて読んだ。このエッセーは自分の経験を中心にして、展開する思考による文章だった。哲学者の仕事としては意外な感じを受けた。私の知っている講壇哲学者の論文や本は、欧州の哲学者の書誌学的な素材を吟味し、難解な訳語を散りばめた文章で発表するような、とても理解するのが難しく、読んでも長続きがしなかった。しかし、森有正の文章はまったく違っていた。自分の経験を中心にして、そこから生まれてくるものを自分の言葉で記していた。

私は心理臨床の世界で心理療法の仕事をしている。本文中にも書いたように、この仕事は自分の経験を基にして展開するのが当然のことであるので、哲学者の文章としてはむしろ意外の感じがした。これは哲学に対する私の狭隘な偏見だったのだろう。それから森有正の書いたものや彼について書いたものもさまざま読んだ。一九七〇年というのは、森有正の活動が頂点に近づいていた時期であった。

森有正は一九五〇年、パリに留学し、一年で帰国する約束であったのに、パリに滞在し続けた。前述の論文まで二〇年を経ている。一九五七年に『バビロンの流れのほとりにて』を出版して、森有正の「生まれ変わり」が周囲に実感された。それまでの講壇的な森の文章と違って、実感的な体験や経験を通して、その経験を言葉にしていた。それまでの森とまったく違った文章になっていた。この著書は多くの人たちに受け入れられた。一般にも知られ、青年期にある多くの人たちのアイデンティティ形成の伴侶としてかれらを勇気づけ、有名になった。生活の苦難を経て、いよいよ新しい森有正として出発し、人々に受け入れられていた。

私が知った時には、森有正はすでに有名でポピュラーな人であった。有名人であったのに、私はまだ関心が薄かった。森有正への私の近づきは大変遅かった。私は、それまでに出版されていた森有正の本を次々と読んだ。それまでに単行本として出ていた『バビロンの流れのほとりにて』以降のものを主に読んだ。どの著書も印象的で、新鮮で、納得のいくものであった。一九八〇年になって、『森有正全集』が筑摩書房から出版されはじめた。森有正の仕事の全体を俯瞰することができるようになった。

私はもっと系統的に森有正を理解してみたくなり、また自分の森有正像をはっきりさせるために、森有正についてエッセーを書くようになった。森有正に関しては、たくさんの著書がある。森有正に近かった「関係者」や「弟子」（と言ってよいかどうか）たちが、森有正についての著書を数多く出版している。ほぼ、東京大学文学部仏文学科（俗に東大仏文）の卒業生か、関係者である。つまり、外から見ると同窓会の集まりのような感じを受けた。その他の多くの著書も読んだ。しかし、私の実感とはやや違っていた。

心理臨床の領域以外の私の関心は古典芸術系のものが多かった。絵画を中心として、音楽、小説、能や狂言を含めたものだった。森有正のエッセーの文章の中に、彼のオルガンに関するものを除いて、他の芸術分野のものの記述が少ない。ほとんどないと言ってよい。文章にするほどのものではなかったのだろうか。哲学、なかんずく講壇哲学には青年期の誰もが持つ関心の域を私は出ていない。自分の体験を中心にして問題を展開する臨床心理学の世界にいると、書誌学を中心とした講壇哲学は理性の先端の鋭い切れ味の感覚が恐くて近寄りがたかった。京都大学の大学院で臨床心理学の訓練を受けたので、京都大学を中心にして活躍をした西田幾多郎に関心がなかったわけではない。西田の『善の研究』にも目は通した。また、所属していた学部長は西田の弟子、四天王の一人の高坂正顕先生であったので関心はあった。

また森有正が京大文学部に招かれて講演をしたことがあったが、会場には出かけなかった。当時の私の関心は、その程度のものだった。だから、偶然目にとまった『展望』の中の森有正のエッセーには、大変驚いたのである。

私は一九八〇年以降、森有正についていろいろと文章を書くようになった。私が書いたのは、主に大学の「研究紀要」という冊子である。これは同じ領域の研究者以外には読まれる機会は少なかった。本書の参考図書一覧に、論文の出所一覧を示している。かなりたくさん書いたと思う。心理学の論文の中に、哲学者のことが書かれていても、読む人はそれほど多くはない。しかし、少しずつ私が森有正を研究していることが知られるようになると、大学や研究会など、いろいろの所で話をするように求められることもあった。森について、私が一般書に書いたのは『アイデンティティの心理学』（講談社新書、一九九四年）の一章であった。これは森有正の自我形成について、アイデンティティの観点から書いたものである。

森有正に関心をもって論文を書き始めた頃、当時、日本心理臨床学会の会長であった村瀬孝雄先生が森有正に関心をもっておられることを仄聞し、教えをいただきたいという便りを出したことがあった。村瀬先生とは、研究会などで旧知の仲であった。驚いたことにたくさんの資料を送っていただき、励ましをいただいた。これは本書を書く心の支えだった。村瀬先生はロジャーズやジェンドリンなどの心理療法を通して研究を進めておられた。晩年には内観療法という日本のオリジナルな心理療法に取り組まれていた。心理療法を通して、森有正と同様に、西欧と日本の文化とに深い関心をもたれていた。また、村瀬先生にとっては、森有正とは東大の同窓でもあり、関心が深かったと思う。村瀬先生の森有正についての成書を見たかったが、早くに逝去されてしまったのは本当に残念である。また、この本を読んでいただき、感想をいただきたかった。

また、広島大学の退任後に移った、京都文教大学で迎えた二度目の退任の一年前に、三週間の特別な休暇をいただき、森有正の住んだパリに滞在することができた。大学の役職者は夏休みでも、外国への長期出張はできないきまりであったが、当時の学長であった樋口和彦先生から特別な許可をいただいた。それでパリのソルボンヌ大学、カルチェ・ラタン周辺の空気を吸いに出かけた。ここでは森有正が普段の生活領域でどのような動きをしていたのか、よく話に出る中華料理を味わい、パリの空気を体で受けとめたいと思っていた。あまり動くこともなく、カルチェ・ラタン周辺をぶらぶらとしていた。また、森有正がよく佇んだと書いているノートル・ダム寺院の裏庭に座って木陰で本を読んだりした。

京都文教大学を退任するときには、最終講義の題目に「森有正氏の生と死」を選ばせていただき、学生諸君、職員、教授たちの前で話をさせていただいた。その後、別の大学に移った。ここでは役職がなかったので、時間を見つけて、森有正が『バビロンの流れのほとりにて』に書いている旅をした場所を訪ねて歩いた。ここでも森を自分の体で感じて納得したいと思っていた。

前後するが、森有正氏の家族として、妹の関屋綾子氏とも話をさせていただいた。関屋綾子氏は世界的に知られた、原爆禁止運動団体のリーダーをしておられて、少なくとも年に一度は広島に来ておられた。二〇〇〇年に原爆の平和祈念式典に参列されているとき、時間の都合をつけて会っていただき、話をうかがった。

森有正の妹として、世話をし続けて、身近におられた人である。私が森有正に関心をもっていることを喜んでくださった。そして私が東京に出かける時間に、また会っていただけると約束をいただいた。しかし、次の年に病に倒れて、そのまま逝去されてしまった。私の願いは叶わなかった。関屋綾子氏は『一本の樫の木』（一九八一）、『ふり返る野辺の道』（二〇〇〇）など、著書を出版されている。その中には、兄の森有正のこと、二人の関係のこと、子ども時代のこと、森家のことなどが詳しく、丁寧に書かれている。二人の関係を理解し、また森有正を理解するうえでは大いに参考になった。本書の中にも文章を引用させていただいた。やや理想化して描かれている森有正像であるが、妹としての優しさが滲み出ている文章である。

また、森有正が心の支えにしていた高田博厚氏と出会ったのも、私には特筆すべきことである。私としては視野が大きく広がったと思う。森有正は一九五〇年に高田博厚氏と出会っている。その後、森有正の逝去までの長い年月、関係が維持されていたことは意味深いことであると思う。森有正が深い影響を受けたけたひとりであった。高田氏は彫刻家であり、哲学者のアラン（シャルティエ）、ロマン・ロラン、ガンジーなど、頭部や女性のトルソーの彫像を中心として多くの作品を残している。一九三一年の初期にパリに渡り、その後、波乱万丈の人生を送られた。パリでよく知られた彫刻家であった。また、日本人として、第二次大戦中もパリに留まっていた。また、闊達な生き方をした人であったと思う。また、見事な文章を書くことでもよく知られている。著作集全四巻が刊行されている。森有正にとって、生き方の見本になっていた人ではないだろうか。森有正の才能を見抜き、親切に世話をしておられた。しかし、森有正は高田氏とはまったく違った生き方をした人であった。それは本書に書いた通りである。

高田氏は戦後一九五七年に日本に帰国。鎌倉で仕事をしておられた。森有正は日本に帰省すると、時々このアトリエを訪問している。時期は分からないが、森有正が数人と一緒に高田氏の書斎で撮った写真を見せてもらったことがある。この写真でも森有正らしく、一番端にいて、他の人たちはカメラの方向を見て焦点が合っているのに、ひとりやや下を向いて写っていた。写真全体の雰囲気とそぐわない姿勢と表情であった。改まった席では、序列とか、目立つことを気にするというところがあった人の感じがよく出ていた。

高田氏の作品は、福井市立美術館に大きな収集がある。高田氏は福井市で旧制の小中学校の生活を送っている。その縁で寄贈されたと聞いた。また、その他にも、たくさんの作品収集をしている安曇野豊科近代美術館がある。そして、埼玉県東村山市の東武東上線、高坂駅の西口前のプロムナードに並べられている三二体の彫刻がある。東村山市教育長の故田口弘氏との親交があったことが縁で、この場所に寄贈されることになったと聞いた。これは圧巻である。本当に素晴らしい展示である。また、東村山市教育委員会が中心となって、鎌倉にあった高田氏の書斎やアトリエにあった書物や遺品や彫刻を保管し、展覧をしている。教育委員会や次長の柳沢知孝氏の熱意と努力によって、高田氏の貴重な遺品の散逸を免れることができた。柳沢氏には、私も一緒に鎌倉の高田氏のアトリエを訪問させていただき、個人的にも大変お世話になった。いろいろの貴重な資料や情報をいただいた。ありがとうございました。

この本は右に述べた人たち以外にも、多くの人に支えられた。私も臨床心理学以外に、多くの違った領域の人たちと、森有正を介して知り合うことができた。また、森有正が旅をした多くの国々にも、森の面影を確かめに出かけることができた。京都大学臨床心理学研究室での畏友である故西園寺二郎さん（西園寺公望氏の親族のひとり）との長い年月、友人としての交わりも思い出す。西園寺さんを通して、日本の公家・貴族の世界の一端を味わわせてもらったことを思い浮かべて懐かしい気持である。この交友も森有正の育った家族を考えるうえで役に立った。

ふり返って考えてみると、これまでの私の生活そのものが、そして人生そのものが、本書を著す契機を与えてくれたようで不思議な気がしている。森有正と出会って今年でほぼ半世紀、五〇年になる。森有正に、少しはわかってくれたね、と言ってもらえれば、私としては意味があったことになる。一九七〇年からずっと対話を続けてきたことに感謝したい。ありがとうございました、とお礼を言いたい。

本書の出版にあたっては、ナカニシヤ出版編集長の宍倉由高さんにお世話になった。長い間、原稿を待っていただいた。原稿を渡すと、後は丸抱えの編集であった。森有正との対話は、主に森有正の「著書」との対話であったので、このために細かい出典のチェックが大変だった。大変な編集の仕事をサラサラとやってしまうように見える腕は、今回も本当に見事であった。ありがとうございました。

青葉の美しい木々に囲まれ、森さんの声やオルガンの演奏を聞きながら。

二〇一九年五月一日　平成から令和への元号の改変の日

鑪　幹八郎

Volume 1: Field studies; Vol 2: Laboratory experiments & general papers. New York, NY: Harvard University Press.）

ドリアーズ, D. 平井啓之・梅比良眞史（訳）（1991）.『恋する空中ブランコ乗り』筑摩書房（Deriaz, D.（1988）. *La tête à l'envers: Souvenirs d'une trapéziste chez les poètes.* Paris: Albin Michel.）

フロイト, S. 懸田克躬・高橋義孝（訳）（1971）.『精神分析入門・正』（フロイト著作集 1）人文書院　（Freud, S.（1916–1917）. V*orlesungen zur Einfühlung in die Psychoanalyse.* Gesammelte Schriften, 7. Wien: Internationaler Psychoanalytischer Verlag.）

フロイト, S. 懸田克躬・高橋義孝（訳）（1971）.『精神分析入門・続』（フロイト著作集 1）人文書院（Freud, S.（1933）. *Neue Folge der Vorlesungen zur Einfühlung in die Psychoanalyse.* Gesammelte Schriften, 12. Wien: Internationaler Psychoanalytischer Verlag.）

フロイト, S. 生松敬三他（訳）（1974）.『フロイト書簡集』（フロイト著作集 8）人文書院（Freud, S. ：*Briefe 1873–1939.* Frankfurt am Main: S. Fischer.（1960）.）

フロイト, S.・ユング, C. G. W・マグァイア（編）平田武靖（訳）（1979–1987）.『フロイト／ユング往復書簡集』誠信書房（Freud, S. / Jung, C. G. ：*The Freud-Jung letters: The correspondence between Sigmund Freud and C. G. Jung.* Edited by W. McGuire. Princeton, NJ: Princeton University Press.（1974）.）

ホーナイ, K. 霜田静志・国分康孝（訳）（1961）.『自己分析』（全集第 4 巻）誠信書房（Horney, K.（1942）. *Self-analysis.* New York, NY: W. W. Norton.）

ミード, M. 米山俊直（訳）（2008）.『文化の型』講談社学術文庫　講談社（Mead, M.（1943）. *Cultural pattern*. New York, NY: W. W. Norton.）

リルケ, R. M.『フィレンツェだより』（森　有正（訳）（1974）. 筑摩書房

ローレンツ, K.　日高敏隆（訳）（1998）.『ソロモンの指環―動物行動学入門』ハヤカワ NF 文庫　早川書房（Lorenz, K.（1949）. *Er redete mit dem Vieh, den Vögeln und den Fischen.* Wien: Dr. G. Borotha-Schoeler. / *King Solomon's ring.* London: Methuen.）

高田博厚（1978）.「『自我』を思索の中に生かす」『森有正全集 3』付録ノート 4，18–19. 筑摩書房
高田博厚（1979）.「回想」『森有正全集 7』付録ノート 7，2–5.
高田博厚（1985）.『高田博厚著作集』（全 4 巻）朝日新聞社
高田博厚・森 有正（1990）.『ルオー』レグルス文庫 188　第三文明社
谷崎潤一郎（1952）.『少将慈幹の母』中公文庫　中央公論社（文庫版 2006 から引用）
鑪 幹八郎（1982）.『リッグスだより』誠信書房
鑪 幹八郎（1998）.『恥と意地』講談社現代新書　講談社
辻 邦夫（1980）.『森有正・感覚のめざすもの』筑摩書房
富田芳和（2018）.『なぜ日本はフジタを捨てたのか？』静人舎
栃折久美子（2003）.『森有正先生のこと』筑摩書房
中野孝次（1994）.『生きることと読むことと』講談社現代新書　講談社
成瀬吾策（2017）. 動作法について　心理臨床学会 35 回大会招待講演録
成瀬 治（2001）. 自宅での面接での話による
中村光夫（1961）.『パリ繁昌記』講談社
二宮正之（1978）.「森有正の歩み」『森有正全集 2』付録ノート 2，2–11. 筑摩書房
二宮正之（2000）.『私の中のシャルトル』ちくま学芸文庫　筑摩文庫
蜷川 譲（1996）.『パリに死す―椎名其二』藤原書店
林 望（2007）.『薩摩スチューデント、西へ』光文社
半藤一利（1999）.『日本海軍の興亡』PHP 研究所
半藤一利（2004）.『昭和史－ 1926―1945』平凡社
藤田嗣治（2018）.『藤田嗣治』藤田嗣治展覧会カタログ　朝日新聞社
丸山眞男（1979）.「森有正氏の思い出」『森有正全集 12』付録ノート 12，2–22. 筑摩書房
山本七平（1997）.『「空気」の研究』文藝春秋
山本安英（1981）.「森有正さんのこと」『森有正全集 14』付録ノート 14，9–21. 筑摩書房

ウィニコット, D. W. 牛島定信（訳）(1977).『情緒発達の精神分析理論』誠信書房（Winnicott, D. W. (1965). *The maturational processes and the facilitating environment.* New York, NY: International Universities Press.）
エリクソン, E. H. 鑪 幹八郎（訳）(2016).『洞察と責任』誠信書房（新訳）（Erikson, E. H. (1964). *Insight and responsibility.* New York, NY: W. W. Norton.）
サガン, F. 朝吹登水子（訳）(1955).『悲しみよ こんにちは』新潮文庫　新潮社（Sagan, F. (1954). *Bonjour tristesse.* Paris: Julliard.）
サリヴァン, H. S. 中井久夫・宮崎隆吉・高木敬三・鑪 幹八郎（訳）(1990).『精神医学は対人関係である』みすず書房（Sullivan, H. S. (1954). *Interpersonal theory of psychiatry.* New York, NY: W. W. Norton.）
スターン, D. B. 一丸藤太郎・小松貴弘（訳）(2014).『解離とエナクトメント』創元社（Stern, D. B. (2010). *Partners in thought.* New York, NY: Routledge.）
ティンバーゲン，N. 日高敏隆・羽田節子（訳）(1982–1983).『動物行動学』上・下　平凡社（Tinbergen, N. (1932/1972). *The animal in its world: Explorations of an ethologist,*

房
森　有正（1994）．オルガン演奏『バッハをめぐって』CD ユニヴァーサル・ミュージックカタログ No. PHCP331.
森　有正（1999）．「音楽と私」『森有正エッセー集成 5』二宮正之（編）ちくま学芸文庫　筑摩書房
森　有正（2002）．『森有正全集』（全 14 巻）木下順二（編）筑摩書房
森　有正（2008）．『森有正エッセー集成』（全 5 巻）二宮正之（編）　ちくま学芸文庫　筑摩書房

本書全体にわたる参考図書・文献一覧

朝吹登水子（1977）．『愛の向こう側』新潮社
朝吹登水子（1987）．『ある家族の肖像―朝吹家の人々』アトリエ出版
朝吹登水子（1991）．『わが友サルトル、ボーヴォワール』読売新聞社
安部謹也（1967）．『日本社会で生きるということ』朝日文庫　朝日新聞出版
安部謹也（1995）．『世間とは何か』講談社現代新書　講談社
安部謹也（2001）．『学問と世間』岩波新書　岩波書店
安部謹也（2004）．『日本人の歴史意識―「世間」という視角から―』岩波新書　岩波書店
伊藤勝彦（1967）．『対話・思想の発生：ヒューマニズムを超えて』番町書房
伊藤勝彦（1979）．「森先生とパスカル研究」『森有正全集 7』付録ノート 7, 5–8. 筑摩書房
伊藤勝彦（2000）．『天地有情の哲学』ちくま学芸文庫　筑摩書房
伊藤勝彦（2009）．『森有正先生と僕』新曜社
井上究一郎（1980）．『ガリマールの家』筑摩書房
井上究一郎（1982）．「森有正をめぐるノート」『森有正全集 15』付録ノート 15, 2–9. 筑摩書房
井上忠司（1977）．『「世間体」の構造：社会心理史への試み』NHK ブックス　日本放送出版協会
加藤周一（1956）．『運命』講談社
木下順二・内田義彦（1979）．「森有正について」『森有正全集 10』付録ノート 10, 2–23. 筑摩書房
近藤史人（2002）．『藤田嗣治「異邦人」の生涯』講談社文庫　講談社
近藤史人（2005）．『藤田嗣治「巴里の横顔、腕一本」』講談社文芸文庫　講談社
佐藤直樹（1995）．『「世間」とは何か』講談社現代新書　講談社
佐藤直樹（2001）．『「世間」の現象学』青弓社
佐藤直樹（2004）．『世間の目』光文社
司馬遼太郎（1967）．『最後の将軍』文藝春秋（文庫版 1997 からの引用）
菅野昭正（1978）．「書評：『流れのほとりにて』」『森有正全集 2』付録ノート 2, 14–18. 筑摩書房
関屋綾子（1981）．『一本の樫の木』日本基督教団出版局
関屋綾子（1985）．『風の翼』日本基督教団出版局
関屋綾子（2000）．『ふり返る野辺の道』日本基督教団出版局

参考図書一覧

本書の初出論文（すべて単著）

鑪 幹八郎 (1990).『アイデンティティの心理学』講談社現代新書　講談社

鑪 幹八郎 (2002a).「森有正の成育史と業績に関する資料の検討」臨床心理研究―京都文教大学心理臨床センター紀要，第4号，1-16.

鑪 幹八郎 (2002b).「森有正の『経験の哲学』の契機とアイデンティティの形成について」鑪 幹八郎・岡本祐子・宮下一博（編著）『アイデンティティ研究の展望』Ⅳ，第1章，pp. 1-26. ナカニシヤ出版

鑪 幹八郎 (2003).「自己分析の可能性―森有正の経験へのこだわり―」臨床心理研究―京都文教大学心理臨床センター紀要，第5号，1-13.

鑪 幹八郎 (2004).「森有正の生活における母性の希求―ローザスのビトローの光という観点から―」臨床心理研究―京都文教大学心理臨床センター紀要，第6号，1-10.

鑪 幹八郎 (2005a).「森有正の言語論と心理臨床―対話における二項関係の日本的性格―」京都文教大学人間学部紀要，第7集，59―67.

鑪 幹八郎 (2005b).「アモルファス自我構造から見た森有正の対人関係について」臨床心理研究―京都文教大学心理臨床センター紀要，第7号，83-92.

鑪 幹八郎 (2005c).「哲学者森有正氏の光と闇：一心理臨床家との対話」京都文教大学退職記念講義原稿（平成5年2月22日）

鑪 幹八郎 (2006).「心理臨床におけることばの二重性・対話の関係語」光華女子大学カウンセリング・センター研究紀要，第2号，1-13.

鑪 幹八郎 (2009).「森有正の神秘的体験またはヌミノース体験について」臨床心理研究―京都文教大学心理臨床センター紀要，第12号，55-66.

鑪 幹八郎 (2012).「西欧的自我と『自己』との出会い：森有正研究 13」臨床心理研究―京都文教大学心理臨床センター紀要，第14号，7-14.

森有正自身の著書

森 有正 (1957).『バビロンの流れのほとりにて』筑摩書房

森 有正 (1963).『城門のかたわらにて』筑摩書房

森 有正 (1968).『言葉 事物 経験』晶文社（森有正対話篇Ⅰに収録）

森 有正 (1969).『旅の空の下で』筑摩書房

森 有正 (1974).「ことば」について（講演録）『森有正全集 5』森有正をめぐるノート 6, 1-17. 筑摩書房（文芸展望 秋季号からの転載）

森 有正・森本敦郎・高橋美紀子 (1974).「森有正との対談」（『女性手帳』）NHK, Eテレ

森 有正 (1976).『いかに生きるか』伊藤勝彦（編）講談社現代新書　講談社

森 有正 (1977).『経験と思想』岩波書店

森 有正 (1978).「雑木林の中の反省」『森有正エッセー集成 5』二宮正之（編）ちくま学芸文庫　筑摩書房

森 有正 (1981). 日記Ⅱ「アリアンヌへの手紙」『森有正全集 14』筑摩書房

森 有正 (1982).『森有正対話篇Ⅰ (1948―1967)，Ⅱ (1967―1976)』木下順二（編）筑摩書

や・ら・わ行

さ行

た行

な行

は行

ま行

人　名

な行

は行

索　引
事項・団体名・地名

著者紹介
鑪 幹八郎（たたら みきはちろう） 教育学博士（京都大学）心理臨床家
広島大学名誉教授・京都文教大学名誉教授

主要著作物
アイデンティティ研究の展望Ⅰ～Ⅵ ナカニシヤ出版（1995-2002）共編著
鑪幹八郎著作集 第1巻 アイデンティティとライフサイクル論 ナカニシヤ出版 2002
鑪幹八郎著作集 第2巻 心理臨床と精神分析 ナカニシヤ出版 2003
鑪幹八郎著作集 第3巻 心理臨床と倫理・スーパーヴィジョン ナカニシヤ出版 2004
鑪幹八郎著作集 第4巻 映像・イメージと心理臨床 ナカニシヤ出版 2008 他

森有正との対話の試み

2019年10月10日 初版第1刷発行

定価はカヴァーに
表示してあります

著 者 鑪 幹八郎
発行者 中西 良
発行所 株式会社ナカニシヤ出版
〒606-8161 京都市左京区一乗寺木ノ本町15番地
Telephone 075-723-0111
Facsimile 075-723-0095
URL http://www.nakanishiya.co.jp/
E-mail iihon-ippap@nakanishiya.co.jp
郵便振替 01030-0-13128

装幀=間 奈美子／印刷・製本=亜細亜印刷株式会社

Un essai de dialogue avec Arimasa Mori

ISBN978-4-7795-1406-7 C3010